ELOGIOS PARA *Un matrimonio del reino*

Uno de los más grandes enfoques de nuestros estudios en el National Center for Fathering (Centro Nacional para la Paternidad) es ser un modelo. Tony y Lois son no solo buenos comunicadores del mensaje del matrimonio, sino que, además, son un verdadero modelo de un matrimonio del reino. Me encanta que Tony defina a un matrimonio del reino como «unir el propósito de Dios con nuestro placer». Este libro es un excelente plano para construir un matrimonio sólido, y Dios ama al matrimonio.

CAREY Y MELANIE CASEY
National Center for Fathering (Centro nacional para la paternidad)

¿Qué significa exactamente tener una «perspectiva del reino» sobre el matrimonio? En este cautivador libro nuevo, el Dr. Tony Evans responde esta pregunta con una perspectiva pastoral y con sabiduría bíblica. *Un matrimonio del reino* es una lectura indispensable para los cónyuges que quieren optimizar su relación para el bien del reino.

DR. GREG SMALLEY
Vicepresidente de Matrimonio y Formación de la Familia, Enfoque a la Familia

En medio de una batalla cultural por el matrimonio, el Dr. Tony Evans ha identificado claramente la importancia de reorientar nuestro corazón hacia el reino de Dios. Esta nueva perspectiva bíblica es un «realineamiento» muy necesario para nuestras relaciones.

TIM POPADIC
Presidente de Relationship Enrichment Collaborative (Colaboración para el enriquecimiento de relaciones) y productor ejecutivo del Date Night Comedy Tour

¡*Un matrimonio del reino* es un libro que influirá en mi propio matrimonio por mucho tiempo! Cuando se trata de nuestros matrimonios, pasan muchas cosas más de las que se ven a simple vista. El pastor Evans revela bíblicamente gran parte de las cosas que no podemos ver y lo hace de manera que uno queda, en cierto modo, con compunción, pero, al mismo tiempo, con la motivación de actuar. Que convoquen a los ángeles a su favor. Encuentre el verdadero propósito para el cual fue hecho su matrimonio. Siéntase más realizado en su matrimonio de lo que pensó que era posible. Esa es una herencia que vale la pena dejarles a sus hijos.

DR. JOSHUA STRAUB

Autor de *Safe House: How Emotional Safety Is the Key to Raising Kids Who Live, Love, and Lead Well* (Una casa segura: Por qué la seguridad emocional es la clave para criar a hijos que vivan bien, amen bien y sean buenos líderes)

¡Tony Evans es, indudablemente, uno de los mejores comunicadores de los siglos xx y xxi! La razón por la que habla y escribe tan bien es porque su corazón está completamente dedicado a servir a Jesús y a darlo a conocer al mundo. Le recomiendo especialmente este libro, porque cualquier parte de Tony Evans que usted o yo recibamos nos hará una persona mucho mejor, un mejor cónyuge y una gran persona en el conocimiento de una relación con Jesucristo.

JOE WHITE

Presidente de Kanakuk Ministries

Me atrevo a decir que *Un matrimonio del reino* será distinto a cualquier otro libro sobre el matrimonio que usted haya leído este año. El noventa por ciento de los libros para matrimonios se enfocan en el aspecto humano; *Un matrimonio del reino* lo lleva donde muy pocos libros matrimoniales van: directo al reino espiritual. El Dr. Tony Evans habla de la guerra espiritual, del propósito espiritual, de las fortalezas espirituales y de muchísimas cosas más. Si usted ha leído cincuenta libros sobre el matrimonio, todavía debe leer este, porque no se parece a los demás. Tan solo el capítulo sobre la restauración se merece el costo del libro entero. Magistralmente realizado, proféticamente vivo y bíblicamente verdadero, *Un matrimonio del reino* es un gran logro para las parejas que quieren ser espiritualmente más conscientes en su matrimonio.

GARY THOMAS

Autor de *El matrimonio sagrado* y *A Lifelong Love* (El amor para toda la vida)

¡Nos encanta este libro! *Un matrimonio del reino* es perfecto para parejas como la nuestra, que necesitamos que nos recuerden la verdad bíblica, histórica y actual de cómo el matrimonio fue diseñado por Dios. Toda pareja debería leer este libro y regalárselo a otras por quien sienten afecto.

SCOTT Y BETHANY PALMER
The Money Couple (La pareja financiera)

Ya sea que esté comprometido para casarse o que tenga sesenta años de casado, usted debe leer este libro con su pareja. *Un matrimonio del reino* les brindará la sabiduría y la nueva perspectiva práctica que convertirán su matrimonio en lo que Dios quiere que sea: no solo un contrato social, sino un pacto sagrado.

RACHEL CRUZE
Autora de libros de mayor venta del *New York Times* y experta en finanzas personales

UN
MATRIMONIO
DEL REINO

TONY EVANS
UN MATRIMONIO DEL REINO

DESCUBRA EL PROPÓSITO DE DIOS
PARA SU MATRIMONIO

TYNDALE HOUSE PUBLISHERS, INC.
CAROL STREAM, ILLINOIS, EE. UU.

Library of Congress Cataloging-in-Publication Data

{CIP data to come}

ISBN 978-1-4964-1968-2

Impreso en los Estados Unidos de América

Printed in the United States of America

23	22	21	20	19	18	17
7	6	5	4	3	2	1

Dedico este libro con gratitud y cariño a mi esposa, Lois, por todo el amor, el apoyo, la habilidad, el sacrificio y el ánimo que me ha dado. Esto ha sido el fundamento para todo lo que Dios me ha permitido lograr. Sin duda alguna, eres el viento bajo mis alas.

CONTENIDO

PRIMERA PARTE
EL FUNDAMENTO DE UN MATRIMONIO DEL REINO

SEGUNDA PARTE
LA FUNCIÓN DE UN MATRIMONIO DEL REINO

El fundamento de un matrimonio del reino

1

✦✦✦✦✦✦

EL ORIGEN

UN MATRIMONIO DEL REINO no solo comparte la pasión, sino que, además, tiene un propósito.

La pasión es importante y la felicidad es genial, pero son los beneficios del matrimonio más que los objetivos. El matrimonio existe para dar gloria a Dios al expandir su reino y su alcance. Refleja su imagen de una manera única, como ninguna otra cosa. Cuando usted y su pareja juntos buscan el propósito de Dios, todo lo que valoran en la vida (como la felicidad, el amor y la satisfacción) se acomoda en su lugar.

Por la falta de un propósito del reino en el matrimonio, muchos parecen haber sido casados por el secretario de Guerra en vez de por un juez de paz. Un día, un hombre que viajaba en avión se dio cuenta de que el hombre que estaba sentado junto a él usaba el anillo de casado en la mano equivocada, así que le preguntó por qué. El hombre le respondió: «Porque me casé con la mujer equivocada».

> ✦✦✦✦✦
>
> *Por la falta de un propósito del reino en el matrimonio, muchos parecen haber sido casados por el secretario de Guerra en vez de por un juez de paz.*
>
> ✦✦✦✦✦

Demasiadas parejas hoy en día sienten que el matrimonio se ha vuelto algo demasiado problemático, como el caso de ese hombre que dijo: «Mi mujer y yo fuimos felices durante veinte años. Luego nos casamos».

Amigo, cuando Dios instituyó el matrimonio, lo hizo para que durara. Solamente cuando nos hemos alejado del propósito de Dios para nuestras relaciones personales es que nos enfrentamos a la desintegración prematura de lo que estaba destinado a ser satisfactorio para siempre.

Una niña se entretenía jugando con las manos de su abuela. Cuando le preguntó a la abuela por qué su anillo de casada era tan grande y llamativo, la mujer suspiró, y luego le sonrió y le dijo: «Pequeña, es porque cuando yo me casé, los anillos se hacían para que duraran».

El problema hoy es que hemos transformado el beneficio del matrimonio en el objetivo; de manera que, cuando el beneficio (la felicidad) no se logra, nos damos por vencidos y decimos adiós, o nos conformamos con vivir una vida de infelicidad. Una gran cantidad de matrimonios terminan divorciándose, y muchas de las parejas que siguen juntas lo hacen por limitaciones económicas o prácticas, no por amor ni por un propósito en común. Nuevamente: las parejas del reino comparten un propósito, no solo la pasión. Los sentimientos cambian, pero el propósito permanece, y eso es lo que puede ligar a dos personas hasta que la muerte los separe.

La mayoría de las personas se suscribe a la idea de que el matrimonio comienza cuando dos personas se enamoran y comparten una experiencia sentimental identificada con escalofríos, emociones y mariposas. Con ojos nada más que para el otro, los dos locos de amor se prometen amor eterno en el altar, y entonces descubren que después de decir el «Sí, acepto», ya no lo quieren más. El divorcio parece la única manera de llegar a una tregua. De hecho, muchos hombres y mujeres dicen las mentiras más grandes de la vida en el día de su boda. Prometen «amar, honrar y respetar» en la salud como en la enfermedad, en la prosperidad tanto como en la adversidad, en las buenas y en las malas, para toda la vida. Pero entonces, en poco tiempo, se divorcian o desean hacerlo. Si la religión es una parte esencial de la relación, muchas parejas seguirán juntas por los hijos. Pero lo hacen en un entorno que carece de amor, marcado por el conflicto, el egoísmo y lo contrario a la verdadera imagen de Dios.

Cuando los niños crecen en hogares sin amor, no aprenden las lecciones cruciales que son necesarias para desarrollar una buena imagen de sí mismos ahora y para construir su propio matrimonio sólido en el futuro. Cuando los niños presencian que su padre coacciona a su madre o que la obliga a someterse, aprenden una definición retorcida de qué es la virilidad y la femineidad, lo cual, más adelante en la vida, a menudo es causa de un mal comportamiento y de una mala comunicación.

En la actualidad, son muy elevados los índices de los matrimonios que fracasan no porque ya no nos llevemos bien, sino porque hemos perdido de vista la bendición ligada al matrimonio bíblico. El matrimonio no es simplemente un contrato social; es un pacto sagrado. No es tan solo un medio para buscar el amor, la felicidad y la realización. Esas cosas son importantes; de hecho, son esenciales. Sin embargo, no son lo más importante ni lo más esencial. Pero como hemos puesto lo secundario en primer lugar, por más importante que sea lo secundario, nos cuesta alcanzar el uno tanto como el otro. Cuando pierden valor el propósito y los principios de Dios para el matrimonio, la imagen de Dios se distorsiona, y nuestra capacidad de influir en otras personas en nombre de Dios se erosiona.

> ❖❖❖❖❖
>
> *El matrimonio no es simplemente un contrato social; es un pacto sagrado. No es tan solo un medio para buscar el amor, la felicidad y la realización.*
>
> ❖❖❖❖❖

Las parejas del reino tienen que ver al matrimonio a través del lente del reino de Dios. Un *matrimonio del reino* se define como «una unión de pacto entre un hombre y una mujer, quienes se comprometen a funcionar al unísono bajo la autoridad divina para reproducir la imagen de Dios y extender su reino en el mundo mediante su llamado individual y en conjunto».

Un homenaje duradero

El padre de Victoria murió cuando ella tenía nada más que un año. Criada en un hogar formado por una madre soltera, Victoria no tuvo un modelo de matrimonio a seguir. La relación con su madre era tensa, en el mejor de los casos, y se alejaron completamente cuando Victoria creció. Yendo de aquí para allá entre diferentes lugares y personas, Victoria creció en un mundo contradictorio que le brindó escasa orientación y coherencia. ¿Qué esperanza tendría de encontrar un hogar feliz?

A los dieciocho años, Victoria enfrentó nuevas responsabilidades. Fue coronada reina de Inglaterra, algo que pocas personas esperaban porque no estaba primera en la línea de sucesión al trono. Sin embargo, los dos hombres que la precedían habían muerto, y se vio recibiendo el título en un momento en el que era poco valorado. La monarquía inglesa estaba en tela de juicio, no era realmente influyente y se asentaba precariamente entre el honor y el desdén. A comienzos del siglo XIX, uno de los países más ricos y poderosos del mundo tenía por reina a una adolescente.

Pero pocos años después, Victoria se casó con el hombre que la ayudaría a cambiar para bien el rostro de la monarquía. Se llamaba Alberto y, curiosamente, *ella* le propuso matrimonio a *él*. (Dado que era la reina, él no tenía permiso para proponérselo a ella). Poco después se casaron, y tanto el diario personal de Victoria como los relatos revelan que estaban profundamente enamorados desde el principio. Posteriormente, ella escribió: «Sin él, todo pierde interés»[1].

Mantuvieron un matrimonio firme hasta la prematura muerte de Alberto, a los cuarenta y dos años. Aunque fue breve, lo que su matrimonio produjo fue excepcional. No solo fortaleció el reinado de Victoria, ya que Alberto se convirtió en el asesor jefe y promotor principal de su esposa, sino que además extendió el dominio y el reinado de su país en todo el resto del continente a través de sus hijos. Victoria y Alberto criaron a sus hijos con una mentalidad del reino.

Alemán de nacimiento, el príncipe Alberto era considerado por la mayoría un extranjero invasor y un «entrometido en Gran Bretaña». Sin embargo, se convirtió en un líder respetado por su pueblo, ya que honró el cargo y la fuerza de Victoria a la vez que buscó el bien para la carrera y la nación de su esposa mediante su influencia en las cuestiones políticas y nacionales[2]. La opinión sobre la monarquía cambió completamente para fines del gobierno de la reina Victoria, y llegó a ser entendida definitivamente como una poderosa herramienta para el bien del país. Asimismo, los nueve hijos que tuvo este matrimonio continuaron ampliando el alcance de ese bien a países cercanos y lejanos.

Cada uno de sus nueve hijos, y muchos de sus cuarenta y dos nietos, emparentaron con familias reales. Entre ellos, una emperatriz de Alemania y reina de Prusia, un rey de Inglaterra, una gran duquesa que fue una luchadora de causas de la mujer y promotora de la enfermería femenina, una cofundadora de la Cruz Roja que también emparentó con la realeza alemana, la esposa de un gobernador general de Canadá, un comandante en jefe canadiense y varios otros líderes influyentes[3].

A pesar de que se ha dicho que supuestamente Victoria le daba mucho más valor a su matrimonio que a su rol de madre[4], ella y Alberto tomaron muy en serio su responsabilidad de transmitir su dominio y su legado, y fueron eficaces. En eso, y en muchas otras cosas, su éxito matrimonial contribuyó al éxito no solo de los ciudadanos ingleses, sino también de muchas personas en todo el mundo que recibieron el impacto positivo de las mejoras que se realizaron a los derechos de la mujer, la asistencia comunitaria y la atención a la paz que buscaron sus líderes.

> *Debemos procurar honrarnos unos a otros en la misma medida, amarnos unos a otros en la misma medida y así también extender el dominio y el reinado de Dios a través de todo lo que hacemos en nuestro matrimonio.*

Pero lo que más me impresiona del amor y la fuerza de su unión tiene que ver con lo que sucedió después de que su matrimonio terminara. Luego de la muerte temprana de Alberto, la reina mostró el más alto honor que cualquier esposa podría rendir. Victoria aún era joven y podría haber tenido cualquier pretendiente real. Sin embargo, eligió mantener el luto por la pérdida del amor de su vida. Durante cuatro décadas, la reina Victoria se vistió de negro todos los días, permaneciendo fiel a la memoria de su matrimonio, aun después de que la muerte los había separado. Muchos creían que su dolor por él era excesivo, pero el amor de Victoria por Alberto no admitía menos que eso. No he conocido más grande testimonio de amor a un cónyuge que el que la reina firmemente le dio a su príncipe.

La reina Victoria y el príncipe Alberto compartieron el fruto de la felicidad del matrimonio, pese a los evidentes desafíos de una familia grande, las presiones del deber y el alto cargo, y de cierta susceptibilidad producto del rol superior que ella tenía. Pero tuvieron éxito en todo lo que hicieron, mientras cumplían la misión de expandir su dominio e influencia en todo el mundo.

Como seguidores del verdadero Rey sobre todo lo que existe, debemos procurar honrarnos unos a otros en la misma medida, amarnos unos a otros en la misma medida y así también extender el dominio y el reinado de Dios a través de todo lo que hacemos en nuestro matrimonio.

El Rey y su reino

La clave para influir en nuestra sociedad y nuestro mundo con un impacto duradero está en consolidar el matrimonio bíblico como Dios lo ideó. Para comenzar, tanto la esposa como el esposo deben reflejar a Dios y su imagen, y deben modelar ese reflejo en los roles y las responsabilidades de su unión. El punto de partida es el correcto entendimiento del reino de Dios y de las responsabilidades que tienen en él.

—————— ✤✤✤✤✤ ——————

Entender el reino en lo referente a su matrimonio es la clave para entender la Biblia.

—————— ✤✤✤✤✤ ——————

Sin embargo, como el cuerpo de Cristo en Estados Unidos se ha dedicado mucho más a erigir edificios, programas y espectáculos, muy pocos entienden cabalmente el reino de Dios o cómo es el compromiso bíblico.

Para dar un poco de contexto, permítame comenzar exponiendo que si usted es estadounidense, lo más probable es que lo sea porque nació aquí. Si forma parte del reino de Dios es porque ha vuelto a nacer en su reino a través de la fe personal en la muerte, la sepultura y la resurrección del Salvador sin pecado, Jesucristo.

Entender el reino en lo referente a su matrimonio es la clave para entender la Biblia. El tema central y unificador a lo largo de la Biblia, desde Génesis hasta Apocalipsis, es la gloria de Dios y el avance de su reino.

Cuando no integramos el tema del reino a nuestro estudio bíblico y a su aplicación, la Biblia se convierte en una recopilación de relatos inconexos, muy interesantes por la información y la inspiración que contienen, pero que no parecen tener relación en cuanto a su propósito, dirección y relevancia actual. Las Escrituras existen para destacar el movimiento de Dios en la historia. Nos muestran la conexión del reino. Entender plenamente este concepto es lo que hace a este manuscrito de varios milenios de antigüedad relevante para nuestras decisiones cotidianas. El reino no es solo algo de aquel tiempo; también está aquí ahora.

Cuanto más atados estén Dios y su reinado a la definición del matrimonio, mayor orden, productividad y realización experimentaremos en nuestro matrimonio. Cuanto más lejos estén Dios y su reinado, más caos habrá en el hogar.

¿Qué es el reino? A lo largo de la Biblia, el reino de Dios es su reinado. La palabra griega que se usa para «reino» es *basileia*, que significa «realeza» o «gobierno». Todo reino está compuesto por tres elementos esenciales: el primero es un gobernante; el segundo, un entorno de súbditos que se rinden a su reinado; y en tercer lugar, las leyes de gobierno. El reino de Dios es la ejecución de la autoridad de su gobierno integral sobre toda la creación. Su reino es universal; cubre todo lo que existe.

El universo en el que vivimos es una teocracia. *Teos* se refiere a Dios y *cracia* se refiere al reinado. La perspectiva del reino significa que el reinado de Dios (teocracia) sobrepasa el gobierno del hombre (homocracia). La Biblia lo expresa de esta manera: «El Señor ha hecho de los cielos su trono, desde allí gobierna todo» (Salmo 103:19).

El reino de Dios es más grande que los reinos temporarios, gubernamentales y sociales que forman nuestro mundo. No se limita a las paredes de la iglesia en la que invocamos su nombre en el ámbito comunitario. El reino está aquí ahora (Marcos 1:15) y todavía no (Mateo 16:28). No solo está cerca (Lucas 17:21), sino también lejos (Mateo 7:21). Jesús habló de esto poco antes de su crucifixión, cuando le respondió a Pilato:

> Mi reino no es un reino terrenal. Si lo fuera, mis seguidores lucharían para impedir que yo sea entregado a los líderes judíos; pero mi reino no es de este mundo. (Juan 18:36)

El reino de Dios consta de instituciones de pacto, entre las cuales están la familia, la iglesia y el gobierno civil (el Estado). Dios las gobierna todas, y cada una es responsable ante él y sus valores como soberano, independientemente de que reconozcan su reinado. Cuando no logran funcionar bajo su autoridad, se producen caos y consecuencias similares a las que vivieron Adán y Eva en el jardín y a lo que podemos ver alrededor de nosotros hoy en día.

El fundamento de la civilización es la familia y el fundamento de la familia es el matrimonio. Por lo tanto, la destrucción del matrimonio deriva naturalmente en la destrucción de la civilización; por ello, es crítico que hagamos que el fortalecimiento de las parejas y las familias sea una parte integral de la misión de la iglesia.

Las tres instituciones de pacto (la familia, la iglesia y el gobierno civil) fueron creadas para funcionar sobre la norma de la verdad absoluta. Primero lo vemos puesto en evidencia en el jardín, cuando Dios les dijo a Adán y Eva que podían comer libremente de cualquier árbol *excepto* del árbol del conocimiento del bien y del mal. Dios quería que su revelación y no la opinión humana fuera la base y el fundamento de su relación. Cuando ellos comieron de este árbol, se apartaron de la naturaleza absoluta del orden de Dios, dando lugar a la razón en sus futuras ecuaciones. Como consecuencia, hoy en día debemos tener cuidado de poner siempre nuestro raciocinio bajo el paraguas de la verdad absoluta revelada. La verdad es, fundamentalmente, el conocimiento basado en Dios. Este estándar de la verdad es innegociable y trasciende los límites culturales, económicos, situacionales y de credos.

> *Las tres instituciones de pacto (la familia, la iglesia y el gobierno civil) fueron creadas para funcionar sobre la norma de la verdad absoluta.*

El programa del reino no solo opera sobre este fundamento de la verdad absoluta, sino que también lo hace bajo el único principio general que se nos ha presentado para que entendamos la obra y el reino de Dios. Este principio es su gloria. Romanos 11:36 dice que «todas las cosas provienen de él y existen por su poder y son para su gloria. ¡A él sea la gloria por siempre! Amén».

La gloria indica importancia y valor. Dado que todo se origina en Dios, sucede a partir de Dios y se dirige hacia Dios, la gloria de Dios existe intrínsecamente en él. El hecho de que le atribuyamos la gloria a Dios o no es irrelevante para la cantidad de gloria que tiene. Su gloria ya está completamente presente en él. No obstante, hasta qué punto experimentamos y accedemos en lo personal la gloria de Dios en nuestra vida, en nuestro matrimonio y en nuestro hogar depende de cuánto nos sujetemos a su reinado integral. Cuando alineamos nuestra vida a Dios y a su reinado, él irradia su gloria a, en y a través de nosotros. Experimentamos la vida abundante y los matrimonios abundantes que Cristo vino a asegurar para nosotros (Juan 10:10).

La principal manera de darle gloria a Dios es rindiéndonos a su reinado. Esto reconoce la supremacía que él tiene sobre cada área de nuestra vida. Cuando funcionamos en nuestro matrimonio basándonos en estos principios del programa del reino, somos libres para experimentar la mano de bendición de Dios y su promesa de que todas las cosas cooperarán para nuestro bien (Romanos 8:28).

En cambio, cuando no funcionamos de acuerdo con el reino de Dios y su reinado sobre nuestra vida, le ponemos un límite a nuestra oportunidad de experimentar la obra de su mano que está trabajando para que todas las cosas cooperen para nuestro bien. Eso es porque hemos escogido definir a Dios según nuestro propósito, en lugar del suyo. Pero Dios no se define por nadie más que por sí mismo. Lo más importante es el reinado de Dios (teocracia) y no el del hombre (homocracia). Si el reino de Dios es integrador, como hemos visto, también lo es el programa del reino. El *programa del reino* puede definirse como «la demostración visible del reinado integral de Dios sobre cada área de la vida». Para que el programa del reino se manifieste en su matrimonio, usted tiene que alinear todo lo que hace, piensa y dice bajo el reinado de Dios. Cuando lo haga, experimentará el fruto de todo el bien que Dios tiene planeado para usted.

El motivo por el que tantos luchamos como creyentes es porque en vez de llevar a cabo el programa *de Dios*, queremos que Dios bendiga *nuestro* programa matrimonial. Queremos que Dios les dé el visto bueno a nuestros planes, en lugar de realizar nosotros los suyos. Queremos que Dios nos glorifique a nosotros, en lugar de nosotros darle gloria al honrar el pacto matrimonial como él lo ideó.

> *Para que el programa del reino se manifieste en su matrimonio, usted tiene que alinear todo lo que hace, piensa y dice bajo el reinado de Dios.*

El propósito del matrimonio

Dios fundó el matrimonio en un entorno perfecto. De hecho, el matrimonio vino antes que el pecado. Dios creó a la primera familia y les dio su bendición, su comisión y su imagen:

[Dios] dijo: «Hagamos al ser humano a nuestra imagen y semejanza. Que tenga dominio sobre los peces del mar, y sobre las aves del cielo; sobre los animales domésticos, sobre los animales salvajes, y sobre todos los reptiles que se arrastran por el suelo». Y Dios creó al ser humano a su imagen; lo creó a imagen de Dios. Hombre y mujer los creó, y los bendijo con estas palabras: «Sean fructíferos y multiplíquense; llenen la tierra y sométanla; dominen a los peces del mar y a las aves del cielo, y a todos los reptiles que se arrastran por el suelo». (Génesis 1:26-28, NVI)

Como vemos desde el inicio de este pasaje fundacional sobre el matrimonio, Adán y Eva tenían que reflejar la imagen del Dios trino: la unidad en medio de la diversidad. Una imagen reproduce aquello que refleja; no añade, resta ni distorsiona. Dios creó a la humanidad como su espejo y le pidió a ese espejo que reprodujera más reflejos a través del matrimonio. La unión matrimonial (de un hombre y una mujer) expresa mejor quién es Dios verdaderamente, y es la manifestación más completa de su imagen.

> ✦✦✦✦✦
>
> *Dominio significa, esencialmente, gobernar la historia en representación de Dios, para que la historia se someta a la autoridad de Dios.*
>
> ✦✦✦✦✦

Nuestra meta como parejas casadas no solo es reflejar a Dios en el reino visible basándonos en su realidad en el reino invisible, sino también transferir la perfección de esa imagen a nuestros hijos a medida que los criamos como hijos del reino. En pocas palabras, la misión del matrimonio es manifestar y replicar la imagen de Dios en la historia, así como llevar a cabo el dominio encargado divinamente («que tenga dominio»). Dominio significa, esencialmente, gobernar la historia en representación de Dios, para que la historia se someta a la autoridad de Dios. Las bendiciones que Dios prometió, y que tanto anhelamos experimentar en el matrimonio, fueron ideadas para ser el resultado de hombres y mujeres cumpliendo el propósito de Dios de reflejar su imagen y administrar juntos la creación de Dios bajo el reinado de Dios. La felicidad debe ser el beneficio de un matrimonio firme pero no la meta. La meta del matrimonio es reflejar a Dios por medio del avance de su reino en la tierra. La felicidad aparece como un resultado natural cuando se busca esta meta.

El dominio del marido y la esposa

En Génesis 1:28, Dios les encargó a Adán y Eva que ejercieran dominio. Para tener éxito como matrimonio del reino, es crítico entender este pasaje. Para ello, veamos en qué contexto histórico fue ubicada la familia originalmente.

Dios creó a la humanidad después de la rebelión de Satanás como una manera de establecer a la humanidad para que gobernara el orden creado por Dios. En el Salmo 8:3-6 (LBLA), leemos:

> Cuando veo tus cielos, obra de tus dedos,
> la luna y las estrellas que tú has establecido,
> *digo*: ¿Qué es el hombre para que de él te acuerdes,
> y el hijo del hombre para que lo cuides?
> ¡Sin embargo, lo has hecho un poco menor que los ángeles,
> y lo coronas de gloria y majestad!
> Tú le haces señorear sobre las obras de tus manos;
> todo lo has puesto bajo sus pies.

La orden de «que tenga dominio sobre los peces del mar, y sobre las aves del cielo; sobre los animales domésticos, sobre los animales salvajes, y sobre todos los reptiles que se arrastran por el suelo» (Génesis 1:26, NVI) fue asociada con la orden de «someter» la tierra (versículo 28, NVI). En la teología formal, nos referimos a esto como el *pacto de dominio*.

El trasfondo de este pacto fue la rebelión de Satanás contra el reino de Dios, que causó que Satanás y sus ángeles caídos fueran expulsados a la tierra antes de su encarcelamiento permanente en el infierno. La humanidad, y la institución del matrimonio, fueron creadas especialmente para que las personas se relacionaran con Dios y unas con otras, lo cual daría como resultado una demostración de la gloria suprema de Dios y de la superioridad de su reino a través de la humanidad. Sin embargo, esta meta y las bendiciones ligadas a ella solo podrían lograrse si la relación matrimonial funcionaba de acuerdo con el proyecto divino, lo cual explica por qué Satanás no atacó a Adán sino hasta que estaba casado.

Dios fundó un reino en la tierra que dominaría y vencería al reino de Satanás. Cuando Cristo venga a crear su reino milenario, será la declaración final y triunfante de la gloria de Dios. Satanás entonces será encarcelado durante ese período para revelar su derrota y su juicio definitivo (Apocalipsis 20:1-3).

Pero, por el momento, Dios nos ha dado a usted y a mí (y especialmente a los matrimonios) un propósito: utilizar y dominar una parte de su creación. Cada persona fue creada con ese propósito divino, y cada unión marital existe para transmitir ese propósito a la siguiente generación. En síntesis, la relación matrimonial es para gobernar y replicar la imagen y el reino de Dios en la historia.

Cuando Dios fundó la primera familia y les dio dominio para gobernar, dijo que no gobernaría independientemente de ellos. Nuestras decisiones en la tierra impactarían sus decisiones en el cielo (Efesios 3:10). Lo hizo por una razón: para demostrarles a Satanás y a sus secuaces que Dios puede hacer más para manifestar su gloria por medio de criaturas inferiores que a través de la que alguna vez fue una estrella resplandeciente.

Solemos pensar que se está librando una batalla entre Dios y el diablo en esta época. Pero tal batalla entre ellos no existe. No puede existir ninguna batalla entre Creador y criatura. Eso sería como decir que yo puedo enfrentar a Manny Pacquiao en el cuadrilátero. Desde luego, ambos podríamos pasar al frente para pelear, pero yo caería duro al primer golpe.

Satanás, una criatura creada, no está a la altura del Creador todopoderoso. No puede darle pelea. Pero lo que Dios sí estableció es la oportunidad de que las criaturas inferiores, los seres humanos (Salmo 8:5), demostremos que en esta guerra espiritual, aun nosotros podemos ganar cuando actuamos conforme al gobierno del reino de Dios. Estamos en una batalla continua, y Satanás ha tenido miles de años para perfeccionar sus golpes. A él le gusta acosar a los matrimonios en primer lugar, porque nosotros, en definitiva, reflejamos la unión de Cristo con la iglesia y también transmitimos la imagen de Dios a la próxima generación. Como parejas del reino, hemos sido arrojados a un conflicto cósmico para manifestar el reinado de Dios en la historia para el avance de su reino y el reflejo de su gloria.

Dios ha delegado la responsabilidad gerencial de gobernar la tierra. Esa responsabilidad nos corresponde a nosotros. Pero tenga presente que no nos ha entregado la posesión *absoluta* de la tierra. Al entregarnos la gerencia, él ha establecido un proceso, dentro de ciertos límites, en el cual respeta nuestras decisiones aun si están en contra de las suyas, o si esas decisiones no son lo mejor para lo que estamos administrando. Como resultado, somos bendecidos o sufrimos las consecuencias de las malas decisiones.

> ✤✤✤✤✤
>
> *Dios ha delegado la responsabilidad gerencial de gobernar la tierra. Esa responsabilidad nos corresponde a nosotros.*
>
> ✤✤✤✤✤

Dios es el propietario definitivo de todo. Pero nos ha delegado las responsabilidades gerenciales, bajo su soberanía. Las decisiones que ustedes toman como pareja sobre cómo relacionarse el uno con el otro y cómo reflejar a Dios ante los demás a través de su unión afectan directamente la calidad de vida que experimentan. La tragedia de la mayoría de las parejas es que han seguido el ejemplo de Satanás, reclamando derechos de propiedad, no solo responsabilidades gerenciales. Como dueñas, las parejas se apartan del reinado de Dios y toman decisiones basándose en lo que prefieren o desean. Y, al igual que Satanás, experimentan la distancia y el conflicto que él tuvo cuando fue expulsado de la presencia de Dios.

Eso quiere decir que usted puede tener un matrimonio feliz o uno desdichado, dependiendo de si ejerce o no su señorío como reflejo de la imagen de Dios. Dios no va a obligarlo a gobernar de acuerdo con su reinado. No va a forzarlo a tener una relación fructífera y gratificante. Él estableció el matrimonio y sus propósitos, pero usted tiene la opción de vivir de acuerdo con esos propósitos o no.

A menudo, el bienestar de un matrimonio se define por si el hombre y la mujer reflejan la imagen de Dios en sus roles particulares. Cuando ese espejo se hace añicos, o incluso si se resquebraja, el reflejo de la relación se rompe con él. Casi siempre que una familia entra en crisis es a causa de que uno o ambos cónyuges actúan fuera de los límites del pacto matrimonial. Son el modelo de un espejo roto. Como consecuencia, experimentan menos favor de Dios.

Satanás trata de lograr que renunciemos a nuestra gerencia y se la entreguemos a él, engañándonos para que creamos que tiene autoridad, o intenta hacernos administrar mal, de acuerdo con nuestros dictámenes y cosmovisiones distorsionados. Muchas veces, lo hace promoviendo el conflicto en nuestras relaciones o mediante la incitación a elecciones impías.

Cuando como pareja fallamos en alinearnos bajo el mando del reino de Dios, se fijan los límites del combate.

— ✥ ✥ ✥ ✥ ✥ —

Cuando como pareja fallamos en alinearnos bajo el mando del reino de Dios, se fijan los límites del combate.

— ✥ ✥ ✥ ✥ ✥ —

Los puntos de vista egocéntricos como esos causan tensión en el matrimonio. Pero los problemas y las luchas que enfrentan los matrimonios deberían llevarnos a buscar y a aplicar el poder de Dios, no a divorciarnos de nuestra pareja.

He sido el capellán de los Dallas Mavericks de la NBA durante más de tres décadas. Disfruto de un buen partido de baloncesto tanto como cualquier otro. Y tengo algo de habilidad; soy prácticamente imbatible... cuando juego solo. Cuando no tengo rival, puedo hacer cualquier jugada y encestar siempre. Pero en mis años mozos, cuando tuve la oportunidad de jugar contra el exdelantero estrella de los Mav, Mark Aguirre, pronto descubrí que no era tan bueno para el baloncesto como creía. La verdadera prueba para mis habilidades con la pelota llegó solamente cuando me enfrenté a un rival.

Así pasa con el matrimonio. Pero el conflicto, la lucha, el desafío y las diferencias no deberían destruir nuestra unión; deberían mostrar el poder de Cristo que está en nosotros. Como matrimonio, Jesús nunca les pedirá como pareja que hagan algo que él no les haya dado ya la capacidad de hacer (Filipenses 4:13). El matrimonio es uno de los mejores medios de demostrar la diferencia que Jesucristo puede hacer. Ustedes pueden reflejar la gloria de Dios y la unidad de la Trinidad a través de su propósito, honor y amor compartidos como una verdadera pareja del reino. Cuando lo hagan, no solo tendrán una historia de amor para nunca olvidar, como la reina Victoria y el príncipe Alberto, sino que además extenderán el dominio y el reinado de Dios sobre la tierra por medio de su matrimonio y de su legado. La conclusión es que el matrimonio es un concepto del reino y no solo un concepto social.

Cuando mi esposa, Lois, y yo nos conocimos, nos enamoramos y empezamos a hablar de casarnos, gran parte de nuestros planes giraban en torno a cómo podía Dios usar nuestra relación para glorificarse y servir a su reino. Como los dos estábamos comprometidos con Cristo y teníamos el llamado de servirlo, fue natural incluir el propósito del reino de Dios como el centro decisivo de nuestra relación. Esta es la orientación con la que Dios quiere que cada pareja entre al matrimonio. La pregunta clave es: ¿de qué manera puede nuestro matrimonio reflejar la imagen de Dios y promover su reino? Cuando tengamos la respuesta a esa pregunta, nuestro matrimonio podrá esperar las bendiciones y el gozo que anhelamos tan profundamente.

Estuvo bastante claro cuando se estableció el matrimonio que Dios quería que la institución estuviera soberanamente bajo su control y que existiera para su propósito. Por lo que fue Dios quien creó al hombre. Fue Dios quien comunicó su Palabra al hombre. Fue Dios quien reveló la necesidad del hombre de una mujer. Fue Dios quien creó a la mujer del hombre. Fue Dios quien trajo la mujer al hombre. Por lo que, claramente, la intención de Dios fue nunca quedar fuera del matrimonio, sino ser la definición del mismo.

2

✦✦✦✦✦✦

EL ORDEN

NUNCA HE VIVIDO FUERA DEL PAÍS, pero conozco estadounidenses que sí lo han hecho y yo he tenido la oportunidad de viajar mucho al exterior durante las últimas décadas. Una cosa siempre me sorprende, más que cualquier otra, de los países subdesarrollados que he visitado: la manera en que la gente conduce.

En algunos lugares, parece como si todos hubieran salido de la última película de *Rápido y furioso*. En otras partes, no sabría decir de quién son los caminos: de las bicicletas, de los vehículos o de los animales. Generalmente, hasta me cuesta calcular dónde están los carriles. A veces no están indicados, y los automóviles, los vehículos del transporte público y las bicicletas viran de un lado a otro bruscamente. Súmele a eso algunos peatones por ahí y tendrá una receta para el caos.

Como lo he vivido en carne propia, no me sorprende que, según los informes oficiales, los accidentes automovilísticos cobraron más vidas estadounidenses en el exterior que el terrorismo, el crimen o hasta los desastres naturales entre el 2011 y el 2013[1]. Cada año, la cantidad de personas que padecen lesiones no fatales provocadas por accidentes automovilísticos es de entre veinte y cincuenta millones. Y los accidentes de tránsito se consideran la octava causa de muerte en el mundo, junto con enfermedades como la malaria[2]. La falta de un trazado claro de los carriles, así como no respetarlos, provoca muchos de estos accidentes.

Tome un momento para imaginarse manejando en el tráfico de la hora pico en la ciudad más grande que tiene cerca. Es sumamente estresante manejar en ella, ¿verdad?

Súmele algunas señales de construcción y unos cuantos baches, y entonces será aún más estresante. Pero ¿quitar por completo el trazado de los carriles? ¿Le parece siquiera posible conducir en esas condiciones? Yo lo dudo. En pocos minutos habría un choque múltiple y un embotellamiento de kilómetros de largo.

> *Sin orden, hay caos, que es el motivo por el cual Satanás trata continuamente de alborotar las cosas en nuestros matrimonios.*

Sin orden, hay caos, que es el motivo por el cual Satanás trata continuamente de alborotar las cosas en nuestros matrimonios. Mientras triunfe el caos, nunca podremos establecernos en un lugar de orden, paz, armonía y progreso. Dios ordenó una forma de gobierno para usted y su cónyuge. Los ha juntado intencionalmente para que cumplan el propósito que él tiene para su vida. Pero, así como no podrían conducir en la hora pico de tráfico vehicular sin carriles claramente trazados, tampoco pueden proceder a realizar todo lo que Dios les tiene preparado como pareja sin guardar los carriles de su orden establecido. Satanás sabe que si quiere anular su capacidad de gobernar, tiene que perturbar el orden causando discordia y división.

Cualquier cosa que Satanás pueda dividir, la puede controlar. Eso se aplica particularmente a nuestros matrimonios. Es la misma estrategia que siguió cuando dividió a Adán y a Eva y los apartó de las bendiciones de Dios. Hizo que Eva se descarrilara al cuestionar la Palabra de Dios, y después logró que Adán se saliera de su carril al también comer del fruto. Cuando ellos se alejaron de los lugares indicados de alineamiento debajo de Dios, perdieron la capacidad de gobernar su mundo. En vez de gozar de las bendiciones que Dios les había prometido, ahora vivían bajo una maldición. Las mismas cosas que habían sido creadas para beneficiarlos ahora les causaban dolor.

Muchas parejas hoy en día viven bajo los efectos de una maldición. Ya no disfrutan de las bendiciones del favor de Dios, sino que sufren las consecuencias de su desobediencia. A lo largo de los años, la Palabra de Dios ha sido tan diluida y distorsionada para adecuarla a nuestras normas culturales, que muchos ni siquiera se dan cuenta de por qué las cosas son el desastre que son. Pero si usted se compromete a poner en práctica el orden establecido por Dios para su matrimonio, comenzará a ver manifestarse el fruto de la bendición no solo en su colaboración, sino también en otras áreas conectadas con su familia. Esto ocurre cuando usted se abre a la oportunidad de que se derrame mayor beneficio.

La cabeza aplica tanto al marido como a la esposa

En la carta de Pablo a la iglesia de Corinto, leemos acerca del orden establecido por Dios. Si usted conoce la historia de la iglesia de Corinto, sabe que era una iglesia caótica y desordenada. Pablo se dirigió a este caos con un principio para aclarar las cosas: «Hay algo que quiero que sepan: la cabeza de todo hombre es Cristo, la cabeza de la mujer es el hombre, y la cabeza de Cristo es Dios» (1 Corintios 11:3). En este versículo encontramos la clave espiritual de cobertura y autoridad que, cuando se obedece, puede salvar cualquier matrimonio. Puede convertir a cualquier matrimonio desmoralizado y derrotado en uno victorioso y fructífero. O puede darle a una relación que ya funciona, el poder para llevar a cabo hazañas aún mayores para el Señor.

Cuando aconsejo a parejas que tienen luchas en su matrimonio, indefectiblemente, uno o ambos han dejado de aplicar este principio en su vida. Haga bien esta única cosa, y todo lo demás se acomodará detrás de esto.

Revisemos rápidamente este principio, y luego hablaremos de la lógica que implica y también de sus repercusiones. Siempre que enseño acerca de este tema, me gusta empezar por el final porque es el punto que más rápidamente se identifica de forma tangible: Dios es la cabeza de Cristo.

Ahora, sabemos teológicamente que Cristo es igual a Dios, así que esta mención de Dios como la cabeza de Cristo infiere *posición* más que desigualdad. Al fin y al cabo, Jesús es el eterno Hijo de Dios y posee la plena esencia divina de todo lo que hace que Dios sea Dios. El ser ontológico de Cristo es el mismo que el de Dios en su conformación; sin embargo, cuando se trata de su función, Jesús está debajo de Dios en el orden de llevar a cabo el diseño y el plan divino.

Por eso es que, cuando Jesús estaba en la tierra, oró: «No se haga mi voluntad, sino la tuya» (Lucas 22:42, LBLA). El trabajo de la redención fue logrado porque Jesús se sometió a la cabeza, el Padre, y de este modo, aseguró el perdón, la salvación, la glorificación y la vida eterna para toda persona que crea en él.

Si Jesús se hubiera rebelado mientras oraba en el huerto de Getsemaní porque sentía que sus derechos estaban siendo infringidos o que sus metas estaban siendo obstaculizadas, en este momento, todos estaríamos en un mundo de sufrimiento. En lugar de eso, él se entregó y, como consecuencia, ahora tenemos acceso a Dios a través de él, así como vida abundante porque él murió para asegurarla para nosotros.

De la misma manera que Cristo está debajo de Dios, en 1 Corintios 11:3, descubrimos que todo hombre está debajo de Cristo. Dado que Pablo le escribía a la iglesia, se refería a los creyentes. Cada varón cristiano tiene a Jesucristo como cabeza. Esta es una verdad bíblica, así como un aspecto fundamental del matrimonio sano, el cual rara vez se enseña o se aborda. La mayor parte de la enseñanza de este concepto se enfoca en la sumisión de la mujer a su marido, pero en el mismo versículo está el mandato de que el esposo se someta a Jesucristo. Ningún varón cristiano es autónomo. Todos los hombres son responsables ante Cristo. De hecho, la palabra *hombre* bíblicamente se define como «un varón que ha aprendido a someter su virilidad al señorío de Jesucristo».

> ✦✦✦✦✦
>
> *En el mismo versículo está el mandato de que el esposo se someta a Jesucristo.*
>
> ✦✦✦✦✦

Si un marido espera que su mujer le responda, ella también tiene que ver ese ejemplo en su marido cuando él responde a Cristo. Demasiados hombres se salen de su carril en lo que respecta a Cristo, pero esperan que su esposa se mantenga en el carril indicado en lo que respecta a ellos. A nadie debería sorprenderle si un matrimonio termina siendo un caos cuando el hombre no se conduce de acuerdo con los principios de Dios. Ese hombre está descarrilado. Y si él está descarrilado, lo más probable es que su esposa también lo esté. Cuando dos personas no viven alineadas según el orden que Dios ha establecido, habrá un choque.

Ser cabeza suele ser un área de confusión y cuestionamientos para las parejas que yo aconsejo. Para la esposa, hay un ser humano tangible a quien ella debe someterse. Pero para el esposo, si bien Cristo es real, no habla de modo audible, y gran parte de las cosas quedan a la interpretación del hombre. Esto es desafortunado, y yo creo que, como cuerpo eclesiástico, hemos fallado en nuestro llamado de proveer a los hombres la rendición de cuentas que necesitan para enseñar y dirigir como líderes espirituales de la iglesia.

Hace poco tiempo, una pareja a la que yo estaba aconsejando se quejaba de que discutían prácticamente por todo. Mientras estaban sentados en mi consultorio, pude ver la falta de confianza y las defensas que cada uno desplegaba. Uno decía algo, y el otro lo corregía. Parecían estar en un punto muerto en muchas áreas. Yo conocía a esta pareja de algún tiempo atrás y quería ver su matrimonio restaurado. No puedo hacerlo con todas las parejas que aconsejo, pero a ellos les di mi número de celular personal y les pedí que se pusieran de acuerdo en algo: la próxima vez que discutieran y no llegaran a una conclusión en su conflicto, me llamarían y me permitirían pedirles que rindieran cuentas sobre la situación, con base en la Palabra de Dios.

Inmediatamente después de que dije eso, la mujer rompió en llanto. Fue como si el alivio la hubiera desbordado. No sé bien por qué, pero según mi experiencia con muchas otras parejas que he aconsejado, supongo que ella sentía que la responsabilidad de su esposo ante Cristo no significaba nada porque nadie le pedía cuentas. Pero ahora ambos tendrían una audiencia equitativa. La pareja estuvo de acuerdo, y me sentí agradecido por la oportunidad de intervenir de una manera positiva.

La iglesia existe para proveer esa perspectiva en situaciones de conflicto. En la iglesia que pastoreo, tenemos un ministerio de mediadores para matrimonios. Son parejas que, a lo largo de los años, han demostrado tener una relación sana y un nivel de compromiso entre ellos y con el Señor, y que ahora se ofrecen como voluntarios para proveer ese rol de recordarles a los matrimonios en dificultades que Cristo es la cabeza. La iglesia tiene que ser mucho más que solo la prédica y los cantos de los domingos. La iglesia fue establecida como el órgano de gobierno de Dios en la tierra para fortalecer a sus miembros para que podamos avanzar el programa del reino de Dios. Lamentablemente, hemos convertido a la iglesia en un club o cafetería, y se ha perdido gran parte del sentido por el cual existe.

Esposos, ustedes son responsables ante Dios, sujetos a Cristo. He visto matrimonios destruidos porque el marido ha hecho la vista gorda a su responsabilidad como protector, proveedor, cultivador y preservador del hogar, mientras le echa la culpa a su esposa por todo. Si el esposo hubiera dado un paso al frente y se hubiera mantenido en su carril, no tengo dudas de que Dios habría restaurado el matrimonio. Señores, no hay excusa para esperar que su esposa cumpla un estándar que ustedes mismos no cumplen.

> *La iglesia fue establecida como el órgano de gobierno de Dios en la tierra para fortalecer a sus miembros para que podamos avanzar el programa del reino de Dios.*

¿Alguna vez ha conducido un auto que no estaba alineado? Todo se zarandea sin parar cuando las cosas no están debidamente alineadas. Además, los neumáticos se desgastan mucho, innecesariamente. El problema fundamental que enfrentamos actualmente en los matrimonios es que los hombres no están alineados y, además, se enojan porque los que los siguen (su esposa e hijos) tampoco están alineados. Debe alinearse espiritualmente si quiere que quienes lo siguen estén alineados. Dicho de otra forma: Esposo, si quiere que su mujer le diga «señor», entonces ella tiene que verlo a usted diciéndole «Señor» a Jesucristo y siendo un modelo de él.

Por último, en 1 Corintios 11:3, leemos que «la cabeza de la mujer es el hombre». Como me ocuparé de este aspecto en otro capítulo, aquí lo trataré solo brevemente. Primero, quiero señalar que dice «la» mujer. No es una declaración general de la superioridad de todo hombre sobre toda mujer. Se refiere al orden del matrimonio, y nada más. El marido está por encima de la mujer en cuanto a la autoridad final, no en cuanto a la igualdad, la capacidad ni tampoco la contribución. Como consecuencia de que el hombre es la cabeza, la esposa está bajo su provisión, protección y guía. Ser cabeza entraña una responsabilidad. La esposa debe recurrir a su marido (su cabeza) para estas cosas. Debe seguir la guía de su esposo de la misma manera que su esposo sigue la guía de Cristo. Este es el orden divino.

Es exactamente eso lo que desplazó Satanás en el jardín para causar la maldición. Se dirigió directamente a Eva en primer lugar porque Adán había abdicado su rol; eso hizo más fácil para Eva abdicar el suyo también cuando se hizo líder y le dio instrucciones a Adán para que comiera el fruto. Todo el infierno se desató en el jardín porque Adán y Eva se salieron del orden.

Como vemos en su ejemplo, cuando el liderazgo está quebrantado, se pierde la autoridad. Sin autoridad espiritual, es difícil lograr algo que valga la pena, mucho menos gozar de un matrimonio próspero. Los problemas que enfrentamos en el hogar y en el matrimonio no se relacionan fundamentalmente con nuestra personalidad, nuestra cosmovisión o nuestro trasfondo. Son la consecuencia de entregarle el jardín al diablo y permitirle que se aproveche de nuestra falta de cobertura y autoridad espirituales, abusando de nuestra personalidad, cosmovisión y trasfondo.

> *Sin autoridad espiritual, es difícil lograr algo que valga la pena, mucho menos gozar de un matrimonio próspero.*

Una última reflexión sobre este pasaje: el hombre no tiene autoridad *absoluta* sobre la mujer. Ella debe someterse a él solamente cuando la autoridad del hombre se alinea bajo el señorío de Cristo. En otras palabras, el marido no puede pedirle o exigirle a su esposa que haga algo que transgreda un mandato divino en las Escrituras.

Por causa de los ángeles

Otra vez: cuando usted vive fuera de alineamiento, vive bajo las consecuencias de la maldición y ha perdido su capacidad de gobernar. Cuando está alineado, vive bajo la bendición y ha recuperado el mando. Así que, la pregunta sobre su matrimonio no tiene tanto que ver con si él (o ella) lo molesta, o si están en desacuerdo sobre determinadas cosas; es si usted quiere gobernar su mundo o perder el dominio. Depende de usted, porque Dios ha establecido un esquema posicional determinado al cual todos tenemos que remitirnos. Y lo ha hecho con un propósito.

Este propósito jerárquico, que suele ser pasado por alto, está en 1 Corintios 11. Pablo comenzó este pasaje hablando del cabello de la mujer como su cobertura porque ella es la gloria del hombre, y también habló de que el hombre es la gloria de Dios (versículos 4-7). A continuación, Pablo nos recuerda que la mujer tiene su origen en el hombre y que fue creada para el beneficio del hombre, pero ninguno es independiente del otro, porque el hombre nace de la mujer (versículos 8-9, 11-12). Entre estas declaraciones está la razón del énfasis que hace Pablo en una cobertura simbólica que representa la cobertura del liderazgo: «Por esta razón y *debido a que los ángeles observan*, la mujer debería cubrirse la cabeza para mostrar que está bajo autoridad» (versículo 10).

¿Qué significa ese «debido a que los ángeles observan»? El diablo es un ángel; se llamaba Lucifer. Dios creó a Lucifer para que fuera el arcángel. Era un ángel que tenía una gloria increíble, así como un poder y una fuerza incomparables. Solo había un problema con el control de Lucifer: tenía que estar bajo el orden de Dios. Pero a Lucifer, eso no le gustó. Él quería ser igual a Dios, ser como el Altísimo, y no quería tener que responder ante nadie. De hecho, quería que todos le respondieran a él.

> ❖❖❖❖❖
>
> *Cuando Lucifer tentó a Adán y a Eva para que ellos también quebrantaran el orden divino, convirtió su bendición y su dominio en maldición.*
>
> ❖❖❖❖❖

A Lucifer no le agradaba el orden establecido por Dios; quería dirigir las cosas él mismo. Entonces, se rebeló. Buscó a sus seguidores y procuró establecerse en un lugar por encima de Dios mismo. Pero cuando se sublevó, fue maldecido, y un tercio de los ángeles, los que se habían levantado con él, también fueron maldecidos. Fueron enviados al planeta Tierra, que sirvió como calabozo, hasta el momento que Dios disponga su destrucción eterna.

Mientras tanto, Dios creó al hombre (Adán), y de Adán creó a Eva. Cuando Lucifer tentó a Adán y a Eva para que ellos también quebrantaran el orden divino, convirtió su bendición y su dominio en maldición. En otras palabras, fueron maldecidos por causa de un ángel. Satanás, el ángel que se hizo malvado, causó el sufrimiento en el trabajo, el sufrimiento en las finanzas, el sufrimiento en el parto, el sufrimiento en la tierra y el sufrimiento en las familias.

Dicho de otra manera, los ángeles no están sentados por ahí sin hacer nada. Están ya sea apoyando el orden divino (los ángeles de Dios) o procurando retorcerlo con otro orden (los seguidores de Satanás). Los ángeles forman parte de nuestra vida y de nuestro matrimonio. A los buenos los llamamos ángeles; a los malos los llamamos demonios. Los demonios buscan crear el caos en nuestro hogar a través de su propio espíritu de rebeldía, aprovechándose de las diferencias de personalidad, el deseo y la debilidad. Cuando sucumbimos a estas diferencias en nuestro matrimonio y nos desviamos del carril (los hombres en el carril de Dios y su mando, y las mujeres en el carril de los hombres como su autoridad definitiva), perdemos la capacidad de gobernar nuestro hogar, nuestros hijos, nuestras profesiones y más.

Efesios 3:10 dice: «[...] para mostrar la amplia variedad de su sabiduría a todos los gobernantes y autoridades invisibles que están en los lugares celestiales». Los ángeles esperan sus instrucciones fijándose de qué manera usted y yo, como miembros del cuerpo de Cristo —la iglesia—, decidimos proceder. Cuando actuamos correctamente, hay una señal para que los ángeles apliquen la voluntad de Dios en la tierra. Cuando funcionamos sin estar alineados, las puertas se abren y los demonios reciben la señal de causar un caos aún mayor.

Los ángeles están a disposición de todos nosotros para protegernos, guiarnos y más. Pero muchos de nuestros ángeles se están tomando un descanso porque no ven el orden que les dé permiso para entrar en nuestro mundo y recurrir a nuestro dominio. Si usted no está en orden y no está alineado, los ángeles no se moverán porque eso fue lo primero que provocó que aquel grupo fuera expulsado del cielo: actuar fuera del orden.

Cuando Jesús llamó a Natanael para que lo siguiera, le dijo que lo había visto sentado bajo una higuera. Por esto, Natanael creyó que Jesús era el Hijo de Dios. Pero Jesús le dijo que vería cosas aún más grandes que esa: «Les digo la verdad, todos ustedes verán el cielo abierto y a los ángeles de Dios subiendo y bajando sobre el Hijo del Hombre» (Juan 1:51).

Jesús estaba compartiendo la imagen de una escalera que descendía del cielo trayendo el reino de Dios («Que tu reino venga pronto. Que se cumpla tu voluntad»; Mateo 6:10) del cielo a la tierra. Esto se parece a la escalera que Jacob vio en Betel, donde presenció a los ángeles descender del cielo y ascender a él (Génesis 28:12).

Muchos de nosotros no somos testigos de la mano de intervención de

Dios, de su favor y de su bendición en nuestro matrimonio porque limitamos la participación positiva de los ángeles. Nuestra escalera está tirada en el patio de la casa, tendida en el piso o apoyada contra las paredes incorrectas. El orden es crítico porque demuestra el corazón obediente y confiado. El desorden encarna la rebeldía y el orgullo.

❖❖❖❖❖

Como pareja, ustedes pueden recuperar su derecho a gobernar y ejercer el dominio que Dios los ha llamado a cumplir.

❖❖❖❖❖

Como pareja, ustedes pueden recuperar su derecho a gobernar y ejercer el dominio que Dios los ha llamado a cumplir. Pueden recobrar su poder, sus oraciones contestadas y las bendiciones que Dios tiene guardadas para ustedes, si ambos se alinean en el orden correcto debajo de él.

3

❖❖❖❖❖❖

LA OPOSICIÓN

UN MATRIMONIO FUERTE y vibrante tiene todo que ver con el enfoque. ¿Su enfoque está puesto en Dios, su poder y su propósito, o en usted y en lo que usted quiere? No mucho tiempo atrás, una pareja vino a mi oficina para consejería, y trajeron una lista. La lista debe haber tenido por lo menos treinta cosas escritas, o más. Recuerdo que me sentí inmediatamente deprimido cuando los vi sacar ese papel. Era como si yo fuera un globo y alguien me hubiera clavado una aguja y me hubiera desinflado. *¿Cómo podré ayudarlos a resolver tantos problemas?* pensé mientras comenzaban a leer cada uno de los puntos de la lista.

> ❖❖❖❖❖
>
> *Un matrimonio fuerte y vibrante tiene todo que ver con el enfoque.*
>
> ❖❖❖❖❖

Leían sin parar, mencionando lo que parecían causas legítimas de conflicto. Eran problemas reales, y me di cuenta de por qué no se llevaban bien. Cuando la pareja terminó de leer la lista, el marido me la entregó. En solo un segundo, tuve que tomar una decisión. ¿Repasaría la lista con ellos y aportaría mi opinión sobre cada problema que habían anotado, o abordaría el origen de su conflicto?

Miré la lista; luego miré a la pareja: ambos tenían la desesperanza y el enojo pintados en el rostro. Luego volví a mirar la lista, minuciosa y atentamente escrita a mano. Y la rompí en pedazos. Ahí, delante de ellos. Se imaginará la cara que pusieron. Habían dedicado bastante tiempo a preparar esta lista para nuestra reunión, y yo acababa de destrozarla.

Me incliné hacia ellos y les dije con voz suave pero firme: «Lo que acaban de darme es el fruto. Es real, pero es el fruto. Es como los fuegos artificiales que se lanzan al cielo y explotan. Solamente se lanza una cosa, pero cuando explota, va en todas las direcciones. De lo que yo quiero hablarles es de la "una cosa", no de la explosión.

»Podríamos hablar de los treinta puntos que pusieron en la lista, pero, en definitiva, nada cambiará su matrimonio porque falta una cosa: el fundamento espiritual de su relación. Si no fundamentan y mantienen una relación espiritual sólida, su lista de treinta cosas, una vez resuelta, solo se transformará en otras treinta, y ustedes acabarán volviendo aquí el año entrante con otra lista de treinta problemas para resolver».

Lo que fortalece a un matrimonio es amarse con el amor bíblico fundado en la paciencia, la bondad, la lealtad, la gracia y más, lo cual está alineado con el propósito de pacto que Dios tiene para el matrimonio.

Sabía que ambos me escuchaban atentamente, así que continué: «Cuando logren cumplir esta cosa, todo lo demás se acomodará en su lugar. Busquen hacer de la perspectiva de Dios sobre su matrimonio el fundamento de su hogar y descubrirán quién es su verdadero enemigo, que no es el otro cónyuge».

Cuando peleamos en nuestro matrimonio, suponemos que el problema es nuestro cónyuge. Y eso es exactamente lo que el diablo quiere. Quiere que piense que el problema lo tiene su cónyuge, no usted. Él sabe que usted nunca resolverá el verdadero problema si cree que la persona con la que discute es el problema. Pero su cónyuge no es el problema. El problema es de índole espiritual, y la causa es su propia naturaleza pecadora o un enemigo de Dios rebelde y astuto.

Piénselo: gran parte de las cosas por las que terminan peleando en su matrimonio no tienen nada que ver con el verdadero motivo por el que están discutiendo, ¿verdad? Hay algo más profundo: una necesidad insatisfecha, una falta de confianza, una falta de respeto o cualquier cosa adicional. Eso es la raíz del problema y de las peleas. Sin embargo, lo que fortalece a un matrimonio es amarse con el amor bíblico fundado en la paciencia, la bondad, la lealtad, la gracia y más, lo cual está alineado con el propósito de pacto que Dios tiene para el matrimonio.

Pero muchas de las cosas por las que terminamos discutiendo tienen que ver con las consecuencias de nuestras propias decisiones y también con el reino demoníaco que obra en contra de nosotros. Una insignificancia fácilmente puede convertirse en un conflicto que nos encamina a la corte de divorcio, y terminamos preguntándonos cómo algo tan pequeño pudo destruir algo tan grande.

Puede hacerlo porque, nuevamente, no tiene que ver con esa nimiedad. Se trata de la ruptura del pacto matrimonial por falta de sumisión (de ambas partes) a la trascendencia de Dios, una falta de alineación el uno con el otro y con Dios, o la transgresión de las normas de amor y respeto del pacto.

Es como preguntarse cómo un pequeño fruto del jardín de Edén pudo haber causado tanto dolor. Causó mucho dolor para todas las generaciones futuras porque no se trataba simplemente de un fruto. Se trataba del efecto: la maldición, que vino de la causa, que fue la desobediencia al reinado de Dios.

Si no puede comprender de verdad y corregir su enfoque al conectarse espiritualmente con todo lo que ocurre en su matrimonio, seguirá despotricando y vociferando contra el problema del momento. Seguirá fijándose en lo que está pasando sin darse cuenta de cuál es el problema al que tiene que echarle la culpa: el no alinearse bajo los fundamentos del pacto para estar en posición de recibir las bendiciones que Dios ha prometido. Al fin y al cabo, ¿no fue eso lo que les sucedió a Adán y a Eva en el jardín?

Entonces, la cuestión no fue el fruto, ¿cierto? Pero sí fue el no atenerse a las estipulaciones del pacto de Dios. Fue el no confiar en la Palabra de Dios. Una vez que se empieza a retorcer y pervertir la Palabra de Dios, todo se descontrola. Lo vimos no solo con Adán y Eva, sino también con sus hijos, cuando Caín mató a Abel. El matrimonio de Adán y Eva a la larga afectó a todo el mundo, ya que Dios finalmente lo destruyó con el diluvio. Aún hoy vivimos bajo la maldición de lo que ellos hicieron en el jardín.

Satanás apareció para que Adán y Eva hicieran algo más que darle una mordida a un fruto. Se manifestó para destruir a la familia, para poder recuperar una porción del reinado que había perdido cuando cayó. Apareció para distorsionar la imagen de Dios, ya que el hombre y la mujer fueron creados a imagen de Dios, y juntos eran la manifestación más completa de su imagen. Lo hizo al desafiar y cambiar la Palabra de Dios, revirtiendo los roles del hombre y de la mujer e introduciendo la presencia demoníaca en sus decisiones de vida. Satanás quiere destruir su matrimonio, no solo porque quiera destruirlo, sino porque sabe que al hacerlo, también destruirá su legado. Estropeará el futuro de sus hijos y el de los hijos de ellos. Quienquiera que sea dueño de la familia es dueño del futuro. La mejor manera que tiene Satanás de llegar a la familia es convirtiendo su matrimonio en un blanco. Esa es la razón por la que se acercó de esa manera a Eva en el jardín, buscando sutilmente que su corazón y su mente se alejaran de Dios.

> ✤✤✤✤✤
>
> *Satanás quiere destruir su matrimonio porque sabe que al hacerlo, también destruirá su legado.*
>
> ✤✤✤✤✤

Dios se menciona de una manera distinta en las Escrituras en cuanto a su relación con la humanidad antes de que Satanás se presentara ante Eva y la tentara a comer el fruto prohibido. Cada vez que se menciona a Dios junto con Adán, se le llama «el Señor Dios». Siempre que leemos la palabra «Señor» escrita así toda en mayúsculas, representa el nombre de Dios, traducido de la palabra *Yahveh*. Este nombre, en el idioma original, refleja el carácter de Dios y la relación de pacto como «maestro y soberano absoluto».

Sin embargo, cuando Satanás se acercó a Eva para persuadirla a hacer lo que no debía, Satanás no se refirió a Dios de la manera que Dios se llamaba a sí mismo. En vez de eso, Satanás eliminó directamente el nombre «Señor» y dijo simplemente: «¿De veras Dios les dijo [...] ?» (Génesis 3:1). Con esta sutil simplificación de términos, Satanás buscó quitar de la conversación toda asociación con la soberanía de Dios y con la relación que tenía con la humanidad. Al hacerlo, mantuvo intacto el concepto de la religión. Al fin y al cabo, sí dijo «Dios». Pero borró el elemento relacional de la autoridad divina. Satanás prefirió evitar a Adán y se acercó a Eva para hacerle creer que ella merecía tener la autoridad. Es más, el maligno le habló a Eva solamente del bien que el árbol del conocimiento ofrecía, no del mal que resultaría. Satanás es un experto en dar solo la mitad del cuento.

Al morder el fruto que había sido prohibido por el único que tenía el derecho de prohibirlo, Adán y Eva cambiaron la opinión que tenían de su creador, de «Señor Dios» por «Dios». Esto entonces le puso fin a la relación íntima que alguna vez compartieron con él, y también a la libertad de la intimidad que habían tenido entre hombre y mujer. No solo eso, sino que además recortó el poder de su dominio, que había fluido a ellos y a través de ellos del Soberano supremo.

La principal razón por la que Satanás provoca el conflicto en nuestras relaciones maritales es porque quiere darle la vuelta al gobierno de nuestra vida. Él busca destronar al único Rey verdadero, quien gobierna sobre ambas partes del matrimonio, y luego, Satanás quiere ofrecerle a cada parte la noción equivocada de que él o ella tiene la sabiduría y la capacidad para vivir apartado de Dios. Como hemos aprendido de Adán y Eva, y como estoy seguro de que usted puede dar testimonio en su propia vida y en su matrimonio, las decisiones que se toman aparte de la sabiduría de Dios notoriamente terminan causando más daño que beneficio.

Cuando a Satanás le permitimos avivar el fuego del descontento y del desprecio en nuestro hogar, él distorsiona la imagen de Dios a través de nosotros como matrimonio y nos impide lograr nuestros propios propósitos de dominio. Básicamente, cuando usted ve a su cónyuge como su enemigo y no reconoce a su verdadero enemigo, Satanás, él lo está embaucando. Satanás juega a ponerlos uno contra el otro, para limitar su habilidad de llevar a cabo todo lo que Dios desea hacer en y por medio de ustedes dos. Si no reconocen a su enemigo por lo que es (un astuto manipulador y engañador que conoce cómo sacarlos de sus casillas para ponerlos uno contra el otro), siempre reaccionará contra su cónyuge, en lugar de reconocer que Satanás es exactamente el vehículo para frenar lo que Dios está tratando de hacer.

> *Las decisiones que se toman aparte de la sabiduría de Dios notoriamente terminan causando más daño que beneficio.*

Al destruir su matrimonio, Satanás destruye el futuro de su familia e impacta negativamente en la sociedad en general. Es por eso que usted debe comprometer su matrimonio a la oración y cultivar una relación verdadera en humildad, mientras busca la sabiduría y la dirección de Dios y pide su amor, su gracia y su misericordia en todas las cosas.

Me alegra decir que cuando la pareja que mencioné anteriormente, la de la larga lista de problemas, buscó mirar al otro y a su relación a través del lente de los propósitos de Dios, hicieron todo lo posible por cultivar y guardar lo que habían recibido. Con el tiempo, literalmente vi que el semblante de la esposa se animaba como si estuviera transformándose en una mujer nueva. También vi al marido disfrutar de la relación con su esposa, que solía intimidarlo. Actualmente, están viviendo la plenitud de una vida juntos, en la gracia y el conocimiento del Señor Jesucristo.

Identifique a su verdadero enemigo

Hace varios años, un conocido jugador de fútbol americano llamado Conrad Dobler apareció en el popular comercial televisivo de Miller Lite. Quizás lo recuerde; en pocos segundos, logró provocar a un grupo de espectadores para que estuvieran a punto de amotinarse. Ante su instigación, una parte exclamó: «¡Sabe estupendo!». «¡Llena menos!», retrucaba la otra parte.

Cuando la polémica estaba a punto de convertirse en una pelea, la cámara se fijaba en Dobler, quien se estaba escabullendo por una salida trasera. Lo crea o no, esta táctica en broma confeccionada por los expertos de publicidad para vender cerveza es una lección espiritual vital para el matrimonio: *es importante identificar a su verdadero enemigo.*

Los fanáticos de las graderías pensaban que sus adversarios eran los que no estaban de acuerdo con ellos. Lo cierto es que toda la audiencia tenía un único enemigo: Conrad Dobler.

Todo el universo está dividido en dos reinos rivales. El primero es el reino de la luz o de la justicia, gobernado por Dios. El otro es el reino de las tinieblas o del mal, comandado por Satanás. Él es nuestro enemigo (nuestro único enemigo), y el mundo es el campo de batalla donde se desarrollan sus esfuerzos por competir con Dios. «Pues no luchamos contra enemigos de carne y hueso, sino contra gobernadores malignos y autoridades del mundo invisible, contra fuerzas poderosas de este mundo tenebroso y contra espíritus malignos de los lugares celestiales» (Efesios 6:12).

El Calvario fue el golpe definitivo que confirmó el destino del diablo. Cuando Jesucristo murió en la cruz, sucedió algo catastrófico: Satanás fue sólida y completamente derrotado. Fue golpeado más allá de toda esperanza de recuperación, y lo sabía. Usted podría preguntarme: «Tony, si Satanás fue derrotado, ¿cómo es que todavía puede perturbar mi matrimonio? ¿Por qué hay problemas que no podemos superar y desafíos que no podemos enfrentar? Si el enemigo fue vencido del todo, ¿por qué aún es tan poderoso?».

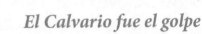

> *El Calvario fue el golpe definitivo que confirmó el destino del diablo. Cuando Jesucristo murió en la cruz, sucedió algo catastrófico: Satanás fue sólida y completamente derrotado.*

Satanás ha sido derrotado. Pero igual que una persona golpeada en la vida, no quiere hundirse solo. Como capellán de los Dallas Mavericks, claro que he visto algo de baloncesto. En una de las temporadas recientes, los Mavericks perdieron por mucho la oportunidad de estar en la ronda clasificatoria. Fueron derrotados mucho antes de que terminara la temporada. Sin embargo, en su último partido jugaron con hambre de victoria. ¿Por qué? Porque si derrotaban al equipo rival tan tarde en la temporada, les complicarían las oportunidades de consagrarse campeones.

En otras palabras: «Nosotros no llegaremos a las eliminatorias, ¡pero ustedes tampoco!». En el mundo de los deportes, así es como se juega. En el matrimonio, las cosas son similares cuando se trata de Satanás. Él ya no busca ganar la victoria final, pero si a usted puede derrotarlo e incapacitarlo en su búsqueda de la victoria, él ya habrá cumplido su objetivo. El objetivo que tiene Satanás para usted y su cónyuge es robarles su propio campeonato espiritual y hacerlos descender a su nivel derrotista. Si son salvos, él ya no puede arrastrar a ninguno de los dos al infierno, pero puede tratar de dejarlos inútiles y desdichados en la tierra.

Satanás sabe lo que el apóstol Pablo sabía, que Dios «nos ha bendecido con toda clase de bendiciones espirituales en los lugares celestiales, porque estamos unidos a Cristo» (Efesios 1:3). El diablo comprende su potencial tanto en lo individual como en pareja, bajo el pacto de dominio. Él quiere anular su reinado para que el nombre de Dios no sea glorificado y el reino de Dios no progrese en la tierra. Satanás está comprometido a asegurarse de que usted nunca alcance su potencial.

Una de las razones por las que Dios permite que el infierno sea el infierno en la tierra y que el diablo le haga la guerra es para que podamos conocer el nombre de Dios y reconocer el poder que viene de él. Porque nunca conoceremos su nombre si no hay guerra. Nunca conoceremos su poder si no hay tentación. Nunca conoceremos su fuerza si no tenemos la oportunidad de usar su armadura. Entonces él permite que la guerra se desate con furia, muchas veces de maneras que hacen que nos pongamos de rodillas y lo busquemos para poder acercarnos más a él.

> *Nunca conoceremos su poder si no hay tentación. Nunca conoceremos su fuerza si no tenemos la oportunidad de usar su armadura.*

La estrategia del enemigo

Satanás es más eficaz cuando trabaja en secreto, a escondidas. Como Conrad Dobler en el comercial que mencioné antes, Satanás preferiría que otros se acrediten el mérito por su obra. De hecho, Satanás sería perfectamente feliz si pudiera convencerlo a usted de que él no existe y de que su verdadero problema es su cónyuge. Por eso, la mayoría de sus ataques parecen provenir de otras fuentes, principalmente de la persona con la que usted se casó.

¿A veces piensa que su matrimonio sería maravilloso, si no fuera por su cónyuge? El origen de la mayoría de los problemas matrimoniales puede rastrearse a problemas de la relación. Quizás piense que su pareja le está arruinando la vida. O tal vez crea que sus hijos o sus compañeros de trabajo causan fricciones en su matrimonio.

Pero preste un poco más de atención, y seguramente verá a Satanás tras bambalinas tirando de los hilos y sacando a la gente de sus casillas. Él usa a las personas para dirigir su ruina espiritual, sembrando cizaña entre usted y su pareja para minar su unidad y alejar su atención de Dios.

La vida cristiana es como la leña en una chimenea. Intente encender un solo leño y verá que no arderá por mucho tiempo. Los leños arden mejor cuando están con otros leños. De la misma manera, su capacidad de permanecer espiritualmente encendido es una función de su relación con los otros «leños» que hay en su vida y de cuán a fondo se relacione con ellos. Su capacidad de mantenerse espiritualmente firmes como pareja es una función de la relación que tienen entre los dos ante el Señor. ¿Con qué frecuencia oran juntos? Debería ser todos los días.

¿Con qué frecuencia oran por su matrimonio? Nuevamente, debería ser a diario, por no decir varias veces durante el día. ¿Adoran juntos? ¿Van juntos a la iglesia? ¿Hablan de los mensajes? ¿Leen la Palabra de Dios juntos? Comprendo que la vida es muy ajetreada, pero si quieren tener la capacidad de transitar juntos esta vida «hasta que la muerte los separe», el componente espiritual de la vida deberá formar una parte integral de quienes son como pareja.

Dios nos da la fuerza que necesitamos para pelear con éxito contra el diablo. Eso podrá parecer obvio. Pero, a juzgar por la manera en que tratamos esta verdad, vale repetirlo: «Sean fuertes en el Señor y en su gran poder. Pónganse toda la armadura de Dios para poder mantenerse firmes contra todas las estrategias del diablo» (Efesios 6:10-11).

Muchos tenemos la tendencia de irnos hacia alguno de los extremos cuando se trata del diablo. Algunos lo sobreestiman; se vuelven miedosos y huidizos, en caso de que Satanás les salte encima. Recuerde: «El Espíritu que vive en ustedes es más poderoso que el espíritu que vive en el mundo» (1 Juan 4:4). Otros subestiman al diablo. Efectivamente, Satanás es un enemigo derrotado. Pero, a pesar de que no es más que un preso condenado a muerte que espera su ejecución, no es prudente dormir en la misma celda que él.

Fíjese que en nuestro pasaje, el apóstol Pablo nos dice que seamos fuertes en el Señor. En nuestra condición humana, no tenemos la fuerza para vencer a los ángeles, aun a los caídos como el diablo y sus legiones. El Salmo 8:4-5 deja en claro que Dios nos creó un poco menores que los ángeles.

La conclusión es que usted no puede vencer al diablo por su cuenta. Dios en persona es el único capaz de poner al diablo en su lugar, y eso es exactamente lo que hará algún día. (Ese lugar está descrito en Apocalipsis 20). Mientras tanto, el Señor limita la influencia de Satanás. Además, nos empodera para que logremos la victoria en nuestros encuentros cotidianos con las tinieblas.

En Hechos 19:13-17, leemos acerca de unos exorcistas judíos no creyentes que intentaron expulsar demonios cantando mágicamente el nombre de Jesús. «¡Te ordeno en el nombre de Jesús, de quien Pablo predica...!», decían. Y un día, un espíritu les respondió: «Conozco a Jesús y conozco a Pablo, ¿pero quiénes son ustedes?». El espíritu se abalanzó sobre ellos, les dio una buena paliza y los despidió desnudos y heridos. El nombre de Jesús no es una fórmula mágica, aunque algunas personas lo han usado así a través de los años. La fuerza de Pablo y la nuestra es producto de la intimidad perdurable y creciente con el Señor, no de algún conjuro grandilocuente o un hechizo. Recuerde que las personas apelaron a «Jesús, de quien Pablo predica». La victoria en su matrimonio requiere que su relación personal con Jesucristo sea íntima y no llevada a cuestas en la de otra persona. Ese es el camino seguro a la derrota, si usted tiene que pedir prestado de la fe ajena para luchar por su matrimonio. Su fuerza no se acumula ni se gana. Se la da Dios por medio de su gracia; él le da a usted la capacidad de vivir la vida a la cual lo ha llamado, pero se llega a ella a través de la comunión directa con él.

> *La victoria en su matrimonio requiere que su relación personal con Jesucristo sea íntima y no llevada a cuestas en la de otra persona.*

El apóstol Pablo escribió:

> Pues aunque andamos en la carne, no luchamos según la carne;
> porque las armas de nuestra contienda no son carnales, sino poderosas
> en Dios para la destrucción de fortalezas. (2 Corintios 10:3-4, LBLA)

Para luchar contra Satanás en su hogar, se necesita algo más que una resolución de Año Nuevo y una dosis de fuerza de voluntad. La guerra espiritual precisa un arsenal espiritual, como las cosas que se nos describen en Efesios 6:13-17. En mi libro *Victoria en la guerra espiritual* hago un análisis más profundo sobre el tema de la guerra espiritual, pero veámoslo brevemente ahora.

Puedo imaginar a Pablo en la celda de una prisión dictando su carta para la iglesia de Éfeso. Tal vez hizo una pausa buscando el ejemplo adecuado que lo ayudara a comunicar esta verdad vital. De pronto, su mirada recayó sobre el centurión romano al cual estaba encadenado. Fijándose en las diversas piezas del uniforme del guardia, Pablo comenzó a describir seis componentes vitales de la armadura, considerados parte del «uniforme» del ejército de Dios:

Pónganse todas las piezas de la armadura de Dios para poder resistir al enemigo en el tiempo del mal. Así, después de la batalla, todavía seguirán de pie, firmes. Defiendan su posición, poniéndose el cinturón de la verdad y la coraza de la justicia de Dios. Pónganse como calzado la paz que proviene de la Buena Noticia a fin de estar completamente preparados. Además de todo eso, levanten el escudo de la fe para detener las flechas encendidas del diablo. Pónganse la salvación como casco y tomen la espada del Espíritu, la cual es la palabra de Dios. (Efesios 6:13-17)

Usted experimentará la victoria que le pertenecerá solamente cuando se ponga y use toda la armadura de Dios. Dios pone a su disposición estos elementos para la batalla, pero no lo obligará a usarlos ni a tomarlos. No tendrá fe en lugar de usted. No levantará el escudo por usted. No le impondrá la paz, la verdad ni la justicia. En su matrimonio y en la vida, usted debe pelear como Dios dice, con la armadura de él, contra el enemigo que busca todos los días, a cada instante, derrocarlo a usted.

Una vez, un niño fue al zoológico con su papá. Mientras pasaban por la guarida de los leones, uno de los leones rugió ferozmente. Sorprendido, el niño se aferró a su padre, se cubrió el rostro y empezó a llorar. Su padre le preguntó:

—¿Qué sucede?

El pequeño replicó:

—¿No ves al león?

—Sí —le respondió el padre—. Pero también veo la jaula.

Parejas, Satanás es un enemigo vencido. Es un león enjaulado. La victoria en su matrimonio debe depender de la realidad de que Dios les ha dado todo lo que necesitan para vivir a la luz de esta verdad, para que experimenten todo lo que él planeó para ustedes y para que lleguen a ser todo lo que Dios tenía previsto cuando los creó. Pero Dios no los vestirá. Tienen que ponerse la armadura de Dios cada día para vivir la victoria que les pertenece.

4

✦✦✦✦✦

LOS JURAMENTOS

¿ALGUNA VEZ SE HA PREGUNTADO por qué gran parte de la Biblia tiene que ver con el tema de los pactos? En Génesis 8–9, Dios hizo un pacto con Noé después del gran diluvio y le prometió que no volvería a destruir la tierra. En Génesis 12, Dios hizo un pacto con Abram y le prometió darle descendencia (un hijo) que sería una bendición para muchos pueblos. En Éxodo 19–24, Dios hizo un pacto con los israelitas en el monte Sinaí, después de librarlos de la esclavitud en Egipto.

Dios también hizo un pacto con el rey David, prometiéndole que edificaría una casa para él y que proclamaría su trono para siempre (2 Samuel 7). También hubo un nuevo pacto, primero prometido en Jeremías 31:31 y luego cumplido en Jesús, quien ratificó el nuevo pacto con su sangre derramada en la cruz (Lucas 22:20). De hecho, la idea del antiguo pacto con Israel y el nuevo pacto de Cristo establece las principales divisiones de la Biblia en el Antiguo Testamento y el Nuevo Testamento.

El matrimonio es una unión de pacto suprema, creada por Dios para permitir que ambas partes aprovechen al máximo todo su potencial en Cristo.

¿Por qué se preocupa tanto la Biblia por el tema de los pactos, y qué tiene que ver eso con su matrimonio? Permítame responder en primer lugar sobre la cuestión de la Biblia y luego la relacionaré con su matrimonio.

La razón principal por la que el concepto de los pactos es un tema tan preponderante en la Biblia es porque el pacto es el medio por el cual Dios administra o gobierna su reino. El matrimonio es una unión de pacto suprema, creada por Dios para permitir que ambas partes aprovechen al máximo todo su potencial en Cristo. Si queremos entender cómo sacar el mayor provecho de nuestro matrimonio bajo el reinado de Dios, necesitamos comprender cómo funcionan los pactos y, en particular, cómo se relacionan con el matrimonio.

¿Qué es un pacto?

Antes de ocuparme del vínculo tangible entre los pactos y la salud y la vitalidad de su matrimonio, quiero dar una breve reseña de los pactos bíblicos. Esto servirá de contexto para tener una mayor consciencia de la preeminencia que debería tener el pacto matrimonial. En la Biblia, un pacto es un vínculo creado por Dios. Es una «relación espiritualmente obligatoria entre Dios y su pueblo, que incluye determinados acuerdos, condiciones, beneficios, responsabilidades y efectos». El poder, la provisión y la autoridad de Dios en relación con su pueblo funcionan bajo sus pactos. Siempre que Dios quería formalizar su relación con su pueblo, establecía un pacto.

Un pacto implica mucho más que un contrato. En el pacto bíblico, usted hace más que participar en una sociedad comercial. Más bien, lo que hace es involucrarse en una relación íntima con la(s) otra(s) persona(s) del pacto. Esta es la primera de las tres distinciones que diferencian un pacto de un contrato.

Cuando Dios se involucró en un pacto con el pueblo de Israel, el lenguaje que usó era de amor e interés mutuo (Deuteronomio 6:4-5), muy parecido al que usan marido y mujer cuando hacen un pacto matrimonial. El nuevo pacto de Jesús también fue ejemplo de esta calidad de relación entre Dios y la humanidad.

La segunda distinción entre un pacto y un contrato es que los pactos bíblicos fueron creados para bendecir a las partes involucradas en la relación. Por ejemplo, en Deuteronomio 29:9, Moisés les advirtió a los israelitas que guardaran el pacto de Dios por ese motivo: «Por lo tanto, obedece las condiciones de este pacto para que prosperes en todo lo que hagas». Cuando Moisés hablaba de prosperar en todo lo que el pueblo hiciera, implicaba algo más que un beneficio material; incluía también lo que Cristo vino a asegurarnos: la vida abundante (Juan 10:10).

La tercera distinción entre un pacto y un contrato es que los pactos se ratifican por medio de la sangre. Por ejemplo, Dios tomó tan en serio el compromiso relacional de bendecir a Israel, que selló el pacto con la sangre, ofreciendo un sacrificio (Éxodo 29:16-46). Dios también hizo un pacto con Abram en Génesis 15 y 17, reafirmando su promesa de darle un hijo a Abram. En Génesis 17, descubrimos la relación del pacto con la sangre y, de hecho, a partir de ese momento, esta ratificación por medio de la sangre se convirtió en un ritual regular para confirmar de ahí en adelante la membresía en el pacto de la bendición de Dios.

Los pactos son algo serio, y su ratificación por medio de la sangre indica hasta dónde llegará Dios para establecer y cumplir sus pactos con su pueblo. En el matrimonio, cuando los dos miembros de la pareja se unen como personas sexualmente vírgenes y tienen su relación sexual en la noche de bodas, Dios ha diseñado a la mujer de tal manera que ella sangre en este primer encuentro sexual, ratificando así el pacto del matrimonio.

> *Los pactos son algo serio, y su ratificación por medio de la sangre indica hasta dónde llegará Dios para establecer y cumplir sus pactos con su pueblo.*

Otra manera de entender un pacto es a través de su sinónimo: la *cobertura*. Siempre y cuando usted opere bajo el pacto de Dios, está operando bajo su cobertura. Piense en esta analogía: cuando llueve afuera, la mayoría de las personas abren su paraguas. El paraguas los cubre contra la lluvia. El paraguas no detiene la lluvia, pero sí impide que la lluvia los alcance. No cambia lo que sucede alrededor de la persona, pero sí cambia lo que le sucede a él o a ella.

Vivir bajo la cobertura de Dios quizás no cambie los desafíos que ustedes enfrenten en su matrimonio, pero bajo su cobertura, esos desafíos no los afectarán (no causarán que reaccionen, que se preocupen o que discutan) al nivel que los afectarían normalmente si estuvieran fuera de la cobertura de Dios. Es por eso que es tan indispensable que ambos cónyuges entiendan el diseño de pacto del matrimonio. Los votos matrimoniales son un serio conjunto de juramentos que conllevan ya sea bendición o maldición, dependiendo de cómo se les honre o se les descarte.

La cobertura del pacto se parece mucho a la armadura de Dios de la que habla Pablo en Efesios 6. La armadura está para protegerlo, pero Dios nunca lo obligará a usarla. No va a ponerle en la mano el escudo de la fe; usted tendrá que levantarlo. Está a su disposición si lo necesita, pero depende de usted usarlo correctamente. De la misma manera, si está lloviendo y usted tiene un paraguas pero no lo usa, se mojará. Usted tiene que tomar la decisión.

Para beneficiarse plenamente de la cobertura de Dios (de su poder, provisión, autoridad, paz y bendición), usted no solo debe estar *en* su pacto; también debe alinearse *bajo* el reinado del pacto en su matrimonio. Pero, primero, debe entender cinco de las características que definen a un pacto creado por Dios.

> *Lo primero que debemos entender para funcionar adecuadamente bajo el pacto de Dios (en particular, su pacto matrimonial), es que él es quien manda.*

1. *Trascendencia*. Esto se refiere a que Dios es el que manda. Quizás usted conozca mejor el término *soberanía*, que significa lo mismo. Dios es distinto. Él no es parte de su creación. Más bien, es independiente de ella. Está sentado encima y fuera de ella. Los pactos son iniciados y regidos por Dios. Lo primero que debemos entender para funcionar adecuadamente bajo el pacto de Dios (en particular, su pacto matrimonial), es que él es quien manda. Nosotros tenemos que decidir si en nuestra oración le decimos: «Que se haga mi voluntad» en nuestro matrimonio, o «Que se haga tu voluntad». Este es el motivo por el que Dios dice que el hombre no debe separar lo que Dios ha unido.

2. *Jerarquía*. Los pactos de Dios son administrados por medio de una cadena de mando, o jerarquía, que funciona bajo su autoridad máxima. Antes examinamos 1 Corintios 11:3, pero funciona para este tema también. En este pasaje, Pablo dijo: «Hay algo que quiero que sepan: la cabeza de todo hombre es Cristo, la cabeza de la mujer es el hombre, y la cabeza de Cristo es Dios». Esto significa que en el reino de Dios, todo funciona bajo una autoridad, bajo

una «cabeza». Esto se extiende incluso a la vida de la Trinidad, en la que Cristo obedece las órdenes del Padre para llevar a cabo el plan redentor que él tiene para nuestro mundo.

Las bendiciones que se derraman por estar en una relación de pacto con Dios fluyen a través de esta cadena de mando. De hecho, 1 Corintios 7:14 resalta hasta dónde llega esta jerarquía al permitir que las bendiciones de Dios lleguen a un cónyuge: «Porque el esposo no creyente ha sido santificado por la unión con su esposa, y la esposa no creyente ha sido santificada por la unión con su esposo creyente. Si así no fuera, sus hijos serían impuros, mientras que, de hecho, son santos» (NVI).

3. *Ética.* Los pactos de Dios contienen normas específicas (o ética), estipulaciones y reglas generales que controlan la relación de bendición con quienes componen el pacto. Repasemos de nuevo el primer matrimonio. Cuando Dios puso a Adán en el jardín de Edén, enmarcó su relación con Adán al establecer una regla específica: no debes comer del árbol del conocimiento del bien y del mal. Los pactos funcionan con una regla de causa y efecto. Si Adán (y Eva) hubiera obedecido el mandato de Dios, habría experimentado la bendición completa de vivir en el jardín, pero cuando desobedeció este mandato (junto con Eva), fue expulsado del jardín. Adán y Eva tuvieron que decidir si se sometían al reinado divino o confiaban en la lógica humana, y esa decisión determinó el sentido que tomaría su vida y su matrimonio. La obediencia o la desobediencia a la Palabra revelada de Dios era la clave para una relación celestial o infernal.

Lo mismo sucedió con el pueblo de Israel en su pacto con Dios. Josué, el líder de Israel posterior a Moisés, recibió la orden: «Ten cuidado de obedecer todas las instrucciones que Moisés te dio. No te desvíes de ellas ni a la derecha ni a la izquierda. Entonces te irá bien en todo lo que hagas» (Josué 1:7).

Este juramento plantea las bendiciones por obedecer y las maldiciones por desobedecer que son obligatorias para el participante del pacto.

4. *Sanciones.* Los pactos de Dios también contienen un juramento, una sanción o una promesa que el otro participante del pacto debe hacer. Este

juramento plantea las bendiciones por obedecer y las maldiciones por desobedecer que son obligatorias para el participante del pacto. El ejemplo más claro de esto está en Deuteronomio 27–30, donde Moisés les lee a los israelitas la lista de bendiciones y maldiciones adjuntas al pacto de Dios con su pueblo. Moisés cerró la lista con una advertencia final dirigida al pueblo: «He puesto ante ti la vida y la muerte, la bendición y la maldición. Escoge, pues, la vida» (30:19, LBLA).

5. *Herencia*. Cada uno de los pactos de Dios, además, tiene repercusiones a largo plazo o secuelas de herencia generacional para la obediencia y la desobediencia. Israel fue advertido de que su desobediencia a los diez mandamientos traería como consecuencia que su castigo pasaría «hasta la tercera y cuarta generación de los que me aborrecen» (Éxodo 20:5, RVR60). Dado eso, siempre deberíamos ser conscientes de que las consecuencias de las decisiones que tomamos en nuestro matrimonio no solo nos afectan a nosotros y a nuestro cónyuge, sino que finalmente pueden afectar a nuestros hijos, a sus hijos y a cualquier otro dentro de nuestro ámbito de influencia, que es lo que estamos viviendo hoy en la desintegración de la cultura.

Renovación de sus votos

Cuando usted se casó, participó en un voto que implica obligaciones espirituales y legales. El voto ceremonial que se hicieron el uno al otro es la demostración pública de su pacto matrimonial ante Dios. Esto puede compararse con el acto del bautismo cuando usted comenzó el nuevo pacto de salvación con Jesucristo.

Ambos votos tienen una acción de seguimiento que remite a este acuerdo. Tanto para el bautismo como para la salvación, el acto de recordar el voto es lo que llamamos «comunión». La intimidad sexual, como la comunión, es repasar el voto hecho en el momento del casamiento, declarando que ambos individuos ahora están unidos como una sola carne.

La intimidad sexual es mucho más importante y mucho más poderosa de lo que muchos nos damos cuenta. Es al matrimonio lo que la comunión es a la cruz: es repasar el juramento fundacional del pacto. La intimidad sexual en el matrimonio suele entenderse solamente en términos de su dimensión física. No digo que la parte física del sexo no sea maravillosa, ¡porque lo es!

Pero ¿por qué quedarse allí? La intimidad sexual es una fuerza poderosa que enriquece su vida, no solo físicamente, sino también espiritualmente. La intimidad sexual no solo repasa el voto de la relación matrimonial, sino que es la expresión continua de compromiso, ternura y pasión. Una de las peores cosas que puede hacer es convertir en un ritual lo que fue creado para ser sagrado.

Nunca permita que la intimidad sexual, algo tan completamente profundo, se convierta en algo ordinario.

> *La intimidad sexual no solo repasa el voto de la relación matrimonial, sino que es la expresión continua de compromiso, ternura y pasión.*

Me asombra cuántas parejas que aconsejo tienen un conflicto en el área de la sexualidad. Su vida sexual se ha vuelto tan inactiva que prácticamente no existe, o ha habido abandono o inmoralidad sexual de alguno de los dos. Muy poco afecta tan negativamente al matrimonio como una desviación de lo que Dios diseñó para el sexo dentro del matrimonio. Lamentablemente, creo que, en gran parte, esto sucede simplemente porque las parejas no honran ni consideran las relaciones sexuales desde la perspectiva de la renovación de los votos de su pacto.

Es comparable con la frustración que el apóstol Pablo le manifestó a la iglesia de Corinto. Los creyentes de esa iglesia habían empezado a usar incorrectamente la mesa de la comunión y, como resultado, estaban sufriendo las consecuencias de sus actos (1 Corintios 11:27-32). Lo mismo está ocurriendo hoy en muchos matrimonios, porque el significado del sexo está tan retorcido que ha perdido su valor, y las parejas están sufriendo las consecuencias.

Dios no toma a la ligera los pactos ni las cosas simbólicamente unidas a ellos. Cuando vimos la estructura y el propósito de los pactos de Dios, vimos de qué manera este juramento, que implica obligaciones legales, incluye efectos en nuestra vida y en la vida de quienes nos rodean con respecto a la participación de Dios. Considere este pasaje sumamente revelador de Malaquías:

Esta es otra cosa que hacen: cubren el altar del Señor con lágrimas; lloran y gimen porque él no presta atención a sus ofrendas ni las acepta con agrado. Claman: «¿Por qué el Señor no acepta mi adoración?». ¡Les diré por qué! Porque el Señor fue testigo de los votos que tú y tu esposa hicieron cuando eran jóvenes. Pero tú le has sido infiel, aunque ella siguió siendo tu compañera fiel, la esposa con la que hiciste tus votos matrimoniales.

¿No te hizo uno el Señor con tu esposa? En cuerpo y espíritu ustedes son de él. ¿Y qué es lo que él quiere? De esa unión quiere hijos que vivan para Dios. Por eso, guarda tu corazón y permanece fiel a la esposa de tu juventud. (2:13-15)

Las palabras que intercambiaron y se juraron el día de su boda, cuando prometieron amarse, honrarse y cuidarse el uno al otro, no fueron solo parte de la ceremonia. Fueron dichas en el contexto de convertir su relación en un pacto con obligaciones legales bajo el principio de dos personas que se convierten en una sola carne (Marcos 10:6-8). Dios considera tan seriamente los votos matrimoniales que en Malaquías le dijo a su pueblo que no iba a aceptar su adoración porque estaban quebrantando esos votos. Imagínese lo ofendido que debe haber estado Dios para rechazar la adoración de aquellos a los que él había creado a su imagen para el propósito específico de que lo adoraran. Así de crítico es honrar el pacto del matrimonio.

Se necesitan tres

Como ya he dicho, el matrimonio es un pacto sagrado, no solamente un contrato social. Consiste en algo más que una relación arreglada con el fin de la procreación o, incluso, del compañerismo. El matrimonio proporciona un ámbito único de pacto en el que tienen una oportunidad aún más grande de llevar a cabo su destino, tanto en lo individual como en pareja.

El libro de Eclesiastés está lleno de sabiduría poderosa y de verdades reveladoras, como este principio: «Una cuerda triple no se corta fácilmente» (4:12). Esta es una clave importante para un matrimonio exitoso. Cuando dos personas se involucran en un pacto, lo hacen con una tercera persona: Dios. De la misma manera que la Trinidad está compuesta por tres personas que son una (Dios el Padre, Dios el Hijo y Dios el Espíritu Santo), el matrimonio es una réplica terrenal de esta Trinidad divina: el esposo, la esposa y Dios.

Usted no puede dejar a Dios en el altar y esperar tener un matrimonio próspero. Dios debe acompañarlos en su hogar. Cuando él lo hace, y cuando usted se alinea dentro de los parámetros del amor, el respeto, el compromiso y la compasión que Dios estableció, él puede hacer maravillas con su matrimonio. Usted no puede hacerlo solo. Ni siquiera pueden hacerlo como marido y mujer. Dios es la cuerda que no solamente los mantiene juntos, sino que también los mantiene firmes y con la capacidad de hacer todo lo que él ha planeado para que ustedes hagan y disfruten.

> ❖❖❖❖❖
>
> *Dios es la cuerda que no solamente los mantiene juntos, sino que también los mantiene firmes y con la capacidad de hacer todo lo que él ha planeado para que ustedes hagan y disfruten.*
>
> ❖❖❖❖❖

El poder de Dios tiene más libertad para fluir cuando usted reconoce y respeta el pacto marital como un pacto, no simplemente como un compañerismo conveniente que contrajo. Cuando Cristo resucitó de los muertos, le dio a la humanidad acceso al poder de su resurrección (Romanos 6:4; Filipenses 3:10) y a la presencia del Espíritu Santo (Juan 14:16-18). Ese poder le posibilita a usted y a su cónyuge vivir juntos, amarse, confiar el uno en el otro y compartir la vida hasta que la muerte los separe.

Dios creó el matrimonio y, porque lo hizo, sabe exactamente qué necesita usted para que el suyo no solo sobreviva, sino que además prospere. Comprométanse con él funcionando dentro de los parámetros del pacto matrimonial que él ha orquestado divinamente. Conforme lo hagan, Dios fortalecerá su matrimonio y lo convertirá en algo que él puede usar no solamente para glorificarse a sí mismo, sino para darles a usted y a su cónyuge realización, propósito y placer.

También se necesita uno

En Génesis 2:24, leemos: «Por tanto [porque Eva fue tomada del hombre], dejará el hombre a su padre y a su madre [Adán no tuvo padres, pero los habría dejado por Eva], y se unirá a su mujer, y serán una sola carne» (RVR60).

Este versículo resume en qué debe consistir la relación matrimonial: dejar, unirse y convertirse en uno solo. Para un matrimonio, no solamente se necesitan tres; también se necesitan dos cónyuges que se junten en una sola unidad: marido y mujer. Es muy trágico que, a pesar de que la mayoría de las personas han escuchado estas palabras muchas veces, no sepan qué es la verdadera unidad.

————— ✤✤✤✤✤ —————

El matrimonio no es un solo; es un dueto que canta la misma canción.

————— ✤✤✤✤✤ —————

En el próximo capítulo profundizaré más sobre este tema, pero ahora, solo para introducirlo, la unidad no significa uniformidad. Unidad significa trabajar juntos por el mismo objetivo. Las personas que trabajan juntas por el mismo objetivo, por necesidad tienen que comunicarse, colaborar y unir sus fuerzas mientras pasan por alto o superan las debilidades mutuas. Usted está en el equipo de su cónyuge. Cuanto más fuertes sean juntos, más fuertes serán como individuos. Eso no solo requiere tiempo, sino también un compromiso auténtico. El matrimonio no es un solo; es un dueto que canta la misma canción.

Señoras, aunque un hombre les diga que las ama, y por mucho que a ustedes les gustaría creer que les está prometiendo compartir la vida entera con ustedes, es posible que solamente tenga la idea de programarlas en su horario. Es posible que no planee reducir ninguna de sus actividades ni renunciar a nada por ustedes. Esa clase de hombre no sabe de qué se trata el matrimonio.

Dios le pidió específicamente al hombre que dejara los lazos más cercanos que tuviera para honrar a su esposa: «Por eso el hombre *deja* a su padre y a su madre, y se une a su mujer, y los dos *se funden* en un solo ser» (Génesis 2:24, NBD). Dado que una de las mayores necesidades de la mujer en el matrimonio es sentirse segura, el esposo debe hacer de eso una prioridad.

El matrimonio es una unión de pacto creada para fortalecer la capacidad de cada uno de sus miembros de realizar el plan de Dios en su vida. Lo digo nuevamente: el matrimonio toma a dos individuos y los hace aún más fuertes juntos como uno solo.

5

❖❖❖❖❖

LA UNIDAD

EN EL CORAZÓN DEL PRIMER MATRIMONIO, el que se registra en Génesis 2, está el principio de la unidad. Esto se debe a que la propia naturaleza de Dios se compone de la unidad, junto con la diversidad de la Trinidad. También es porque los propósitos del reino de Dios se realizan únicamente en el contexto de la unidad, motivo por el cual Jesús dijo, en Mateo 12:25: «Todo reino dividido contra sí mismo quedará asolado, y toda ciudad o familia dividida contra sí misma no se mantendrá en pie» (NVI).

Por eso es tan prioritario para el maligno causar discordias y desacuerdos en los hogares y los matrimonios. Como ya mencioné antes, Satanás busca dividir porque cualquier cosa que él pueda dividir, puede conquistar. La desunión mantiene alejado a Dios e impide que su reino se expanda. Asimismo, distorsiona la imagen de la gloria de Dios.

Cuando las parejas se enfocan en seguir siendo dos personas mientras Dios busca crear unidad entre ellos, sin darse cuenta, están trabajando en contra de los propósitos de Dios. El matrimonio que se propone experimentar de verdad la

---------- ❖❖❖❖❖

Cuando las parejas se enfocan en seguir siendo dos personas mientras Dios busca crear unidad entre ellos, sin darse cuenta, están trabajando en contra de los propósitos de Dios.

❖❖❖❖❖ ----------

presencia manifiesta de Dios debe entender y buscar enérgicamente el principio de la unidad.

En el sello oficial de los Estados Unidos de América, y en gran parte de nuestra moneda nacional, puede verse la conocida frase en latín *E pluribus unum*, o «De los muchos, uno». La frase comenzó a usarse muy tempranamente en la Guerra de la Independencia de Estados Unidos porque la clave para lograr independizarse de Gran Bretaña era unir las diversas colonias norteamericanas para resistir a ese gobierno extranjero y opresivo. Eso quería decir que pueblos que tenían intereses, sistemas políticos y trasfondos diferentes tenían que encontrar la manera de unir sus esfuerzos o ser aplastados por el poderío militar superior de Gran Bretaña.

Al firmar la Declaración de la Independencia, Benjamín Franklin dijo su famosa frase: «Caballeros, ahora debemos apoyarnos mutuamente, o seguramente nos ahorcarán por separado». Sus palabras reflejan este sentimiento de que la unidad debe forjarse a partir de un compromiso compartido para vencer a un enemigo común.

En el corazón de nuestra historia nacional descansa el asunto de formar,

Si el tema de nuestra unidad o nuestra unión, según Jesús, es tan indispensable para nuestro testimonio, ¿qué dicen de nosotros las luchas internas y las divisiones al mundo que nos observa?

según las palabras del preámbulo de la Constitución estadounidense, una «unión más perfecta», y la historia coincidente de los poderes y las presiones que pueden fortalecer esa unidad o ponerla en peligro. Cuando observamos qué molesta hoy a nuestro país, está claro que estamos hilvanados con un hilo muy frágil que requiere una atención constante para proteger y mantener esa «unión más perfecta».

Es igual en el matrimonio. Las divisiones, las discusiones y los conflictos que, trágicamente, son tan comunes en el matrimonio nos han afectado a todos en uno u otro nivel.

En Juan 17:21, Jesús oró por sus discípulos y por aquellos que los seguirían: «Que todos sean uno, así como tú y yo somos uno, es decir, como tú estás en mí, Padre, y yo estoy en ti. Y que ellos estén en nosotros, para que el mundo crea que tú me enviaste». Si el tema de nuestra unidad o nuestra unión, según Jesús, es tan indispensable para nuestro testimonio, ¿qué dicen de nosotros las luchas internas y las divisiones al mundo que nos observa? Esta área de unidad está críticamente ligada a nuestra misión que se encuentra en Mateo 6:33, y por lo tanto debemos ser «solícitos en guardar la unidad del Espíritu en el vínculo de la paz» (Efesios 4:3, RVR60).

Reconocer el indicador

Veamos el tema de la unidad en la carta de Pablo a la iglesia en Éfeso, para que podamos fomentar el espíritu de unidad en nuestros matrimonios:

> Por lo tanto, yo, prisionero por servir al Señor, les suplico que lleven una vida digna del llamado que han recibido de Dios, porque en verdad han sido llamados. Sean siempre humildes y amables. Sean pacientes *unos* con otros y tolérense las faltas por amor. Hagan todo lo posible por mantenerse unidos en el Espíritu y enlazados mediante la paz. Pues hay *un* solo cuerpo y *un* solo Espíritu, tal como ustedes fueron llamados a *una* misma esperanza gloriosa para el futuro. Hay *un* solo Señor, *una* sola fe, *un* solo bautismo, *un* solo Dios y Padre de todos, quien está sobre todos, en todos y vive por medio de todos. (Efesios 4:1-6)

El libro de Efesios comienza con una serie de recordatorios para los creyentes acerca de todo lo que Dios logró por medio de Cristo en su vida, su muerte y su resurrección, y todos los beneficios que vienen a la luz de su obra por nosotros. Según las palabras de Pablo, Dios «nos ha bendecido con toda clase de bendiciones espirituales en los lugares celestiales» (1:3), y en los tiempos futuros, él seguirá mostrándonos «las abundantes riquezas de su gracia en su bondad para con nosotros en Cristo Jesús» (2:7, RVR60).

Justo al final de este extenso recordatorio (los capítulos 1–3), llega el desafío a los creyentes efesios de «guardar la unidad del Espíritu en el vínculo de la paz» (4:3, RVR60). Pablo lo expresó vehementemente, implorándoles que fueran «solícitos» (4:3, RVR60) en preservar esta unidad. En otras palabras, teniendo en cuenta estas muchas bendiciones, ellos tenían un trabajo por hacer y necesitaban trabajar duramente para mantener este espíritu de unidad entre sí. Entonces, ¿cuál es esta idea de unidad? y ¿por qué era tan importante para Pablo? Y, por inferencia, ¿por qué es tan importante para nosotros en nuestra relación matrimonial?

Primero, ocupémonos de la definición de *unidad*. En los primeros seis versículos de Efesios 4, la palabra *uno* (o *un* o *una*) aparece ocho veces. De hecho, en griego, la palabra *unidad* que Pablo usó aquí es una variante de la palabra *uno*. Entonces, en su forma más simple, unidad es cualquier grupo de personas que están caracterizadas por su «unidad», por algún propósito, visión o dirección compartidos.

Quizás pueda ilustrar mejor esta idea de unidad indicando qué no es unidad. Como dije en el capítulo anterior, unidad (o unión) no es uniformidad ni monotonía. Unidad no significa que usted es exactamente como su pareja. La diversidad creativa de Dios nos rodea por todas partes. Dios creó cosas con diferentes formas, colores, tamaños y estilos. Sin embargo, todo eso, según el Salmo 19:1, fue puesto con el único propósito de dar testimonio de «la gloria de Dios». La unidad no es uniformidad, sino la unicidad que se dirige a un objetivo en común.

En los deportes, la unidad no significa que todos los jugadores en el campo de juego o en el estadio juegan en la misma posición. Todos los jugadores tienen talentos, habilidades, identidades y responsabilidades únicas, pero el objetivo al que se dirigen es el mismo. Un equipo de baloncesto puede tener diferentes posiciones para los cinco jugadores que están en la cancha, pero la canasta hacia la que lanzan es una sola. En la cocina, la unión de los ingredientes produce una comida deliciosa, pero esa misma comida nunca podría hacerse si todos los ingredientes fueran exactamente iguales a los demás.

Este concepto de unidad se parece mucho a la oración que hizo Jesús en los últimos momentos que estuvo con sus discípulos: «que todos sean uno» (Juan 17:21). La unidad por la que Jesús oró sigue el modelo de la unidad de la relación entre el Padre y el Hijo. De hecho, Jesús oró para que sus discípulos entablaran esa misma relación: «Yo en ellos, y tú en mí, para que sean perfeccionados en unidad, para que el mundo sepa que tú me enviaste, y que los amaste tal como me has amado a mí» (versículo 23, LBLA).

Cuando Dios creó a la mujer de la costilla del hombre, lo cual resultó en la creación de dos personas distintas, simultáneamente implantó el deseo de reconectarse en unidad para experimentar la plenitud. Esta unidad fue creada exclusivamente para reunir la masculinidad y la femineidad con el fin de que reflejaran la imagen de Dios de una manera unificada. Es por eso que cualquier unión fuera de este diseño de pacto matrimonial heterosexual es un «vínculo extraño» que distorsiona la imagen de Dios.

Observe que Pablo definió la unidad a la cual somos llamados como una unión relacional «en el Espíritu» (Efesios 4:3), no una unidad centrada en una agenda, en un proceso o incluso en un espacio habitable en común. Eso es porque la unidad no es una posición, sino una persona: el Espíritu Santo. No implica un proceso de doce pasos, sino que gira en torno a una relación de unidad con el Dios vivo por causa de la obra de Cristo en y a través de la presencia del Espíritu Santo. Tal como lo dijo el mismo Pablo: «Hay un solo cuerpo y un solo Espíritu, tal como ustedes fueron llamados a una misma esperanza gloriosa para el futuro. Hay un solo Señor, una sola fe, un solo bautismo, un solo Dios y Padre de todos, quien está sobre todos, en todos y vive por medio de todos» (versículos 4-6).

Esto quiere decir que la unidad matrimonial comienza con la unión relacional que compartimos gracias a la obra de Dios por medio de su Espíritu Santo. Nos aproximamos más a esta unidad dentro del matrimonio cuando no solo dejamos que el Espíritu haga su obra en nosotros, sino que también señalamos y celebramos esa obra en la vida del otro.

> ❖❖❖❖❖
>
> *Nos aproximamos más a esta unidad dentro del matrimonio cuando no solo dejamos que el Espíritu haga su obra en nosotros, sino que también señalamos y celebramos esa obra en la vida del otro.*
>
> ❖❖❖❖❖

Lamentablemente, algunas parejas contraen matrimonio teniendo una visión distorsionada de la unidad, y sus expectativas poco realistas contribuyen a desilusiones futuras. A veces lo veo cuando realizo las ceremonias de bodas. Una parte de la ceremonia a menudo incluye dos velas que se encienden antes de la ceremonia y se aúnan para encender una vela enteramente nueva, simbolizando de esta manera la unidad del matrimonio. Pero es un error cuando la novia y el novio luego apagan sus velas individuales.

Digo que es un error porque, a menos que haya una protección y un respeto intencional por la identidad, los propósitos, los talentos, las habilidades y el llamado exclusivos de cada uno, la pareja está propensa a ser víctima de un matrimonio que los devorará, en lugar de empujarlos a la grandeza. Cuando me reúno con las parejas a las que voy a casar, les sugiero que no apaguen sus velas individuales después de encender la vela nueva y unificada. Imagínese asistiendo a un concierto sinfónico en el que cada instrumento musical fuera una flauta. A los pocos minutos, usted ya querría irse del concierto. En cambio, usted escucha una música hermosa en una sinfonía porque cada instrumento singular es interpretado en armonía. Eso es lo que debería representar la unidad bíblica en el matrimonio: las vidas distintas de dos individuos experimentando el propósito de Dios para cada uno, en armonía con el otro.

El Padre no se convirtió en el Hijo para unificarse con Cristo en la Trinidad. El Espíritu Santo tampoco se transformó en el Padre. El motivo por el que la Trinidad funciona tan bien llevando a cabo sus diversas actividades en nuestra vida es porque cada parte de la Trinidad honra y respeta a la otra y no busca convertirse en la otra.

Lo que estoy diciendo puede parecer fuera de lugar en un capítulo específicamente dedicado a la unidad del matrimonio, pero, a menos que entendamos y practiquemos la *verdadera* unidad en nuestro matrimonio, corremos el riesgo de canibalizarnos el uno al otro no mucho tiempo después de decir «Sí, acepto». Los matrimonios más sanos que conozco son aquellos en los que ambas partes mantienen su identidad y sus propósitos por separado mientras se unen bajo el propósito en común de cumplir el reinado del dominio de Dios en y por medio de su unión.

Esta comprensión de la unidad le brinda a cada persona del matrimonio la oportunidad de experimentar la máxima libertad que Dios planeó que gozaran sus criaturas. Dentro de los límites de la relación matrimonial, tanto el marido como la mujer deben buscar su llamado, sujetos a Dios, utilizando los dones que han recibido para promover el potencial del otro en una atmósfera de confianza y respeto mutuos, siempre y cuando no hagan concesiones con las prioridades bíblicas de la unidad de la familia (como lo ejemplifica la excelente esposa de Proverbios 31).

Muchos matrimonios *reprimen*, en lugar de *liberar* a sus miembros para que lleguen a ser todo lo que Dios los ha llamado a ser. Al incentivar estándares y requisitos culturales y religiosos no bíblicos, la plena expresión de la autoridad del reino que podría experimentar cada miembro del matrimonio, así como su impacto en conjunto, se limita. Un matrimonio del reino libera y expande (no restringe ni limita) el legítimo rol de dominio de cada cónyuge en lo personal, así como el impacto que causan juntos.

La libertad de la unicidad individual permite la elección. Sin la elección y la preferencia personal, el cónyuge puede sentir que lo asfixian o que se aprovechan de él o ella, o incluso que se ha perdido completamente. Una mujer a la cual aconsejaba me contó que un día fue con su esposo y sus hijos a la biblioteca, y cada uno decidió elegir un libro. Decidieron que cada uno se iría por su lado, elegiría un libro y luego volverían a encontrarse para tomar prestados los libros. Mientras los niños salían corriendo a sus respectivas secciones y el marido se dirigía a la suya, la mujer no hizo más que quedarse parada ahí, paralizada. Durante años, sus elecciones habían sido dictadas por las necesidades de su esposo o de sus hijos. Sus preferencias se habían amoldado a cómo podría complacer a su familia o convertirse en lo que necesitaran que fuera en un momento dado. Parada en la entrada de una enorme biblioteca, con miles de temas para elegir, no sabía qué libro quería leer simplemente para su propio disfrute.

La película *Novia fugitiva*[1], que fue estrenada en 1999, ofrece otro ejemplo de la pérdida de la individualidad en el acto de fusionarse con otra persona. En esta película, el personaje principal, Maggie, interpretado por Julia Roberts, tenía la costumbre de salir corriendo cada vez que caminaba hacia el altar para casarse. Nadie entendía por qué lo hacía, ni siquiera ella, hasta finales de la película cuando se dio cuenta de que no quería casarse porque, al hacerlo, perdería lo que era como individuo. Cuando estaba conociendo a cada pareja potencial, adoptaba las predilecciones de él, las aversiones de él, los pasatiempos de él y aun la comida que a él le gustaba.

En una escena, un amigo le preguntó a Maggie cómo le gustaba que le cocinaran los huevos. Fue un momento profundo, porque ella realmente no sabía cómo le gustaban. En una escena inolvidable hacia el final de la película, Maggie cocina huevos de varias maneras para saber cuáles le gustaban más a *ella*.

Quizás la manera de cocinar los huevos no sea el desafío más importante de su matrimonio, pero tal vez podría serlo mantener su espacio personal, sus preferencias y su identidad. Es posible que usted ni se dé cuenta de esto. Cuando tantas cosas de la vida convergen con otro ser humano, es fácil perder de vista quién es usted y permitir que su propia vela se apague. Pero el mayor regalo que puede darle a su unidad es mantener su singularidad individual. Porque cuando dos personas fuertes y seguras se juntan bajo el Señor, utilizando sus dones, su mente y su espíritu de acuerdo con el plan de Dios, harán un mayor impacto para el reino.

> ❖❖❖❖❖
>
> *Cuando dos personas fuertes y seguras se juntan bajo el Señor, utilizando sus dones, su mente y su espíritu de acuerdo con el plan de Dios, harán un mayor impacto para el reino.*
>
> ❖❖❖❖❖

La obra del Espíritu

Nunca permita que la unidad se transforme en uniformidad. Preserven sus identidades y, a la vez, cuídense de las divisiones. Hay un ejemplo que me gusta mucho usar acerca de la mayonesa. Una de las dificultades para hacer mayonesa es lograr combinar el aceite y el vinagre. El aceite y los líquidos no se mezclan, pero son ingredientes necesarios para la mayonesa. Por eso, lo que hacen los que fabrican mayonesa es introducir un emulsionante en los ingredientes.

El emulsionante ayuda a los ingredientes que no concuerdan a que se lleven bien juntos, que se incorporen. Entonces, el ingrediente necesario en la mayonesa es el emulsionante: huevos. Los huevos dicen: «Aceite, quiero que estés aquí para pasar tiempo conmigo, y, vinagre, quiero que pases tiempo conmigo también». Cuando los huevos se mezclan con el vinagre y con el aceite, el vinagre y el aceite ahora pueden pasar tiempo juntos. No porque el aceite y el vinagre se caigan bien mutuamente, sino porque ambos pueden ponerse de acuerdo acerca de los huevos y, como resultado, crean algo mejor que las partes individuales: la mayonesa.

El Espíritu Santo es el emulsionante de todo matrimonio. Cuando hay un conflicto continuo entre un esposo y una esposa cristianos, una de las partes o ambas han ignorado la obra emulsionante del Espíritu Santo. Como consecuencia, ya no pueden ver la obra en común del Espíritu en su vida, pese a cualquier diferencia de gustos u opinión que pueda existir.

Pablo enfatizó esta verdad al decirles a los efesios cristianos que la unión relacional que caracteriza a la unidad es «guardada», no creada. Ellos deben «guardar la unidad del Espíritu en el vínculo de la paz» (Efesios 4:3, RVR60). Cuando se trata del matrimonio, Dios no nos invita a crear nada. Nos invita a guardar lo que él ya ha creado. Nosotros nos involucramos en una relación con él a través de su Espíritu y, como resultado, él ya está presente y obrando en medio de nuestro matrimonio.

El desafío que nos hace Pablo de «guardar la unidad del Espíritu» se complementa con su aviso de que esta unidad del Espíritu existe «en el vínculo de la paz» (4:3). El concepto de paz que tiene Pablo es mucho más amplio que nuestra definición actual, que es la ausencia de conflicto o una sensación de armonía. Es probable que Pablo estuviera señalando el concepto hebreo del *shalom*, definido como «integridad, salud y bienestar». *Shalom* es algo más que la paz entre dos partes; indica la salud y el equilibrio general de un organismo. Así que cuando nosotros preservamos la unidad del Espíritu, el resultado es un matrimonio sano y armonioso en el cual se vive plenamente y se experimenta la vida abundante.

Un matrimonio sano es un matrimonio unido, en el que la presencia y la obra del Espíritu de Dios trascienden nuestras diferencias individuales. Satanás procura perturbar la unidad de nuestro matrimonio para producir desorden, lo que finalmente lleva al caos.

> ❖❖❖❖❖
>
> *Un matrimonio sano es un matrimonio unido, en el que la presencia y la obra del Espíritu de Dios trascienden nuestras diferencias individuales.*
>
> ❖❖❖❖❖

Para combatirlo, hagamos la transición para ver cómo podemos usar este indicador del espíritu de unidad para interpretar el contexto de nuestro ministerio y llevarlo hacia los vínculos sanos del *shalom*, o la paz.

Interpretar el indicador

La principal tarea que tenemos que hacer para lograr la unidad en nuestro matrimonio es la preservación o, tal vez en una terminología más moderna, la tarea de conservación. La tarea de conservación tiene que ver con proteger el ambiente de las amenazas que podrían erosionar el hábitat natural. Para hacer bien esta tarea, necesitamos activar nuestro sistema de monitoreo espiritual para que nos dé una buena lectura de la atmósfera de nuestro matrimonio. ¿Cómo interpretamos este indicador de la unidad del Espíritu?

En Efesios 4:2, Pablo enumeró los principales indicadores de esta unidad: humildad, amabilidad, paciencia y tolerancia en amor. Si quiere ver cuán bien está cultivando el espíritu de unidad en su matrimonio, observe cómo están funcionando estas cuatro virtudes en su relación matrimonial. He aquí algunas preguntas diagnósticas claves:

1. Humildad
   - *Por el bien de la unidad, ¿está dispuesto a someter sus deseos, sin importar cuán buenos sean, al propósito de Dios para su matrimonio?*
   - *¿Está dispuesto a servir a su pareja, ocupándose de sus intereses por encima de los suyos (vea Filipenses 2:3-4)?*

2. Amabilidad
   - *¿Usted es una persona que discute con su pareja?*
   - *¿Se da cuenta de que responde con ira cuando cuestionan su programa?*
   - *¿Cuál es la primera respuesta que le sale, sin filtro, cuando su pareja le hace daño?*

3. Paciencia
   - *¿Está dispuesto a esperar que Dios obre por medio del Espíritu en la vida de su pareja?*
   - *¿Se da cuenta de que se impacienta por la lentitud del cambio en la vida de su pareja?*
   - *¿Puede esperar al Espíritu y al discernimiento de su pareja antes de realizar un cambio o de comenzar alguna actividad que le interese?*

4. Tolerancia en amor
   - *¿Insiste en hacer las cosas a su manera?*
   - *¿Puede permitir las diversas maneras y los medios por los cuales el Espíritu obra en otras personas?*
   - *¿Trabaja bien cuando las preferencias de su pareja están en conflicto con las suyas?*

Me gustaría sugerirle que cada uno de estos indicadores apunta hacia una amenaza principal a la unidad. (Desde luego, hay otras cosas que amenazan la unidad del matrimonio, pero muchas de ellas pueden remontarse a esta amenaza principal). La presencia de esta amenaza debería disparar la alarma de que la unidad del Espíritu está bajo ataque y, con ello, el sistema de monitoreo de su matrimonio debería poner en marcha determinadas prácticas para preservar y/o conservar la unidad, las cuales contrarrestan la amenaza.

¿Qué es esta amenaza fundamental a la unidad del Espíritu? Es la tendencia a realzar nuestro programa personal por encima del programa del Espíritu para nuestro matrimonio. Cada uno de los cuatro indicadores de la lista anterior es el reflejo de una vida que está dispuesta a someterse a la realidad de la obra de Dios a través del Espíritu. Como individuos y como parejas que trabajan juntos ¿poseemos la humildad, la amabilidad, la paciencia y el amor para someter nuestra voluntad y nuestro programa al programa de Dios?

Como mencioné anteriormente, Pablo estaba diciendo algo importante cuando vinculó la unidad a la presencia del Espíritu en nuestro matrimonio. Esto implica que si usted no es espiritual o no está orientado hacia el Espíritu, tendrá un problema para preservar la unidad en su matrimonio. Y será así porque su punto de referencia será la carne, no el Espíritu de Dios. La carne es su entendimiento humano, mientras que el Espíritu representa el punto de vista de Dios. El conflicto que hay en nuestro matrimonio y que amenaza la unidad es realmente una batalla entre la carne y el Espíritu. Por ese motivo, Gálatas 5:16 nos dice: «Anden en el Espíritu, y así jamás satisfarán los malos deseos de la carne» (RVA2015). En otras palabras, cuando falta la unidad en nuestro matrimonio, es porque no se ha preservado el control del Espíritu. Nos hemos apartado de la perspectiva del Espíritu, lo cual lleva a la división, el desacuerdo y el caos.

Permítame decirlo de nuevo: el conflicto irresuelto y permanente significa

> *¿Qué es esta amenaza fundamental a la unidad del Espíritu? Es la tendencia a realzar nuestro programa personal por encima del programa del Espíritu para nuestro matrimonio.*

que al Espíritu de Dios no se le ha permitido superar las diferencias humanas y carnales que produjeron el caos y que ahora sustentan ese conflicto. Han excluido a Dios de la ecuación. Se nos dice que preservemos la unidad del Espíritu porque, si se lo permitimos, el Espíritu de Dios anulará las cosas humanas que causan y sustentan los conflictos que sufrimos en el matrimonio.

Santiago 4:1-2 lo expresa así:

¿Qué es lo que causa las disputas y las peleas entre ustedes? ¿Acaso no surgen de los malos deseos que combaten en su interior? Desean lo que no tienen, entonces traman y hasta matan para conseguirlo. Envidian lo que otros tienen, pero no pueden obtenerlo, por eso luchan y les hacen la guerra para quitárselo.

Las peleas, los conflictos, la envidia y el asesinato, según los describió Santiago, son solamente síntomas del problema más profundo y canceroso del contrario programa humano y carnal que nosotros solemos permitir que se extienda y, finalmente, usurpe el programa de Dios y su presencia en nuestros matrimonios.

¿Sabe qué es el cáncer? Puede describirse como las células del cuerpo humano que ya no quieren seguir unidas y están creando su visión independiente y su propio programa. Estas células radicales se multiplican porque el programa de las células cancerosas es adueñarse de todo el cuerpo. Eso es lo que suele suceder en nuestro matrimonio. El contrario programa carnal, si no se controla, se extenderá y usurpará «la unidad del Espíritu en el vínculo de la paz».

Recalibrar el indicador

¿Qué hacemos cuando los indicadores de nuestro sistema de monitoreo muestran que la unidad del Espíritu está en peligro en nuestro matrimonio? El desafío de preservar la unidad del Espíritu es que somos personas caídas y quebrantadas que viven en un mundo caído y quebrantado, donde estamos casados con personas caídas y quebrantadas. Para recalibrar nuestros indicadores de unidad tenemos que adoptar tres prácticas que promoverán y preservarán el espíritu de unidad: el relato, el discernimiento y la pacificación.

1. *El relato*. Una de las cosas claves que usted puede hacer para fomentar la unidad en su matrimonio es señalar y celebrar el relato de la obra de Dios por medio de su Espíritu en las vidas de ambos. Una de las mejores maneras de realizarlo es establecer momentos, así como un entorno, para que se desarrolle una comunicación abierta. Cuando comienzan a hacerlo y ven la obra de Dios en la vida de cada uno, pueden ver con claridad la fuente de su unidad: ustedes están unidos porque el Espíritu Santo trabaja en sus vidas haciendo que sus corazones, marcados por el pecado, se transformen a la imagen de Jesucristo. También llegan a ser más empáticos con los desafíos y las luchas que enfrenta cada uno al escuchar acerca de las luchas del otro.

> *El desafío de preservar la unidad del Espíritu es que somos personas caídas y quebrantadas que viven en un mundo caído y quebrantado, donde estamos casados con personas caídas y quebrantadas.*

2. *El discernimiento*. La práctica de discernir espiritualmente dentro de su matrimonio es una habilidad fundamental para preservar la unidad en el vínculo de la paz. El discernimiento espiritual es tomar decisiones guiados por el Espíritu Santo. Es una práctica consensuada orientada a esperar la voz del Espíritu como el voto definitivo en cada decisión.

En Hechos 15 tenemos un ejemplo clave de esta práctica, cuando se realizó el concilio de Jerusalén. Aquí vemos expuesta la práctica del discernimiento guiado por el Espíritu en un punto crucial de la decisión sobre el problema de las relaciones entre los judíos y los gentiles (el mismo asunto que se expone en Efesios). La iglesia escuchó el testimonio de los líderes claves, consideró el testimonio de las Escrituras y esperó la dirección del Espíritu hasta que llegaron a una decisión que «nos pareció bien al Espíritu Santo y a nosotros» (15:28).

Cuando los cónyuges practican el discernimiento al entender la voz del Espíritu, filtrado a través de la Palabra de Dios y aplicado por medio del consejo piadoso, se pueden tomar decisiones que preserven la unidad. Cuando se toman decisiones sin discernimiento, basadas en las preferencias personales, en el orgullo y el egoísmo, el resultado es un espíritu de desunión.

3. *La pacificación.* Al principio del matrimonio, las parejas atraviesan una fase de luna de miel en la que el conflicto es mínimo y ambos cónyuges están descubriendo los roles que interpretarán en su matrimonio. Sin embargo, el conflicto y las expectativas defraudadas no tardan en aparecer. El conflicto forma parte de toda relación que hay en este mundo caído, y cada uno de nosotros contribuimos a ese conflicto con nuestro ser caído y quebrantado. La preservación de la unidad en nuestro matrimonio requerirá de la habilidad de ser pacificadores (Mateo 5:9), con la convicción de buscar la soberanía del reino de Dios en cada conflicto.

Para ser pacificadores, debemos comprender la pacificación y, con la fortaleza que recibimos del Espíritu, debemos aplicar estas prácticas a nuestro matrimonio. El mejor recurso que conozco que puede ayudarnos en esto es *Pacificadores*, de Ken Sande, en el que detalla cuatro prácticas básicas para la pacificación:

- Glorificar a Dios (1 Corintios 10:31): buscar, como prioridad, complacer y honrar a Dios en medio del conflicto.
- Quitar el tronco de su ojo (Mateo 7:5): asumir la responsabilidad de su propia contribución al conflicto.
- Restaurar con delicadeza (Gálatas 6:1): servir a la otra persona o personas en amor para ayudarlos a hacerse responsables de su parte en el conflicto.
- Ir y reconciliarse (Mateo 5:24): manifestar el perdón y la reconciliación de Dios encontrando una solución razonable al conflicto[2].

Cuando comencé este capítulo, mencioné que la unidad de las primeras colonias norteamericanas jugó un papel importante en ayudarlas a vencer a su enemigo en común, Gran Bretaña. Se apoyaron en el lema *E pluribus unum*, «De los muchos, uno», a pesar de sus muchas diferencias. Una vez que terminó la guerra y Gran Bretaña fue derrotada, el objetivo de las colonias cambió a mantener y preservar la unidad que ya había sido forjada durante la guerra de la Independencia. De este esfuerzo surgió la Constitución, que ordenó un plan de gobierno que equilibró varios intereses conflictivos para el propósito en común de fundar una nueva nación, los Estados Unidos de América, y mantener su unidad. La Constitución comienza con esas famosas líneas: «Nosotros, el Pueblo de los Estados Unidos, a Fin de formar una Unión más perfecta […] estatuimos y sancionamos esta Constitución para los Estados Unidos de América».

Nuestros matrimonios se fundaron bajo una unión aún más perfecta: «la unidad del Espíritu en el vínculo de la paz». Nuestra misión y nuestro llamado es monitorear y preservar esta unidad como un testimonio para el mundo que nos rodea. Esta es, como recordará usted, la bendición final por la que Jesús oró para sus discípulos y para los que vendrían después de ellos, incluyéndonos a nosotros, que somos modelo de él en el matrimonio: «Que todos sean uno, así como tú y yo somos uno, es decir, como tú estás en mí, Padre, y yo estoy en ti. Y que ellos estén en nosotros, para que el mundo crea que tú me enviaste» (Juan 17:21).

El éxito de su misión de glorificar a Dios y darlo a conocer está ligado a la unidad de su matrimonio.

Esto significa que el éxito de su misión de glorificar a Dios y darlo a conocer está ligado a la unidad de su matrimonio. ¿Quiere que el mundo vea su matrimonio como una ayuda o como un obstáculo para encontrar a Cristo y creer en él, quien nos ama?

SEGUNDA PARTE

La función de un matrimonio del reino

6

✦✦✦✦✦✦

LOS ROLES

¿CÓMO ES UN DÍA TÍPICO de su semana laboral? Muchos nos levantamos apenas con el tiempo justo para prepararnos para trabajar, despertar a los niños, darles el desayuno y mandarlos a la escuela, saltar al vehículo para manejar hacia el trabajo y llegar allí para un día atareado, lleno de vencimientos y juntas. Luego volvemos arrastrándonos a casa, preparamos una cena rápida o salimos a comer, hacemos algo de tarea con los niños, los acostamos, nos preparamos para el día siguiente y nos dejamos caer en la cama.

Con semejantes horarios ajetreados, cumplir con nuestro papel como marido o esposa puede parecer otra tarea más de nuestras ocupaciones habituales. Sin embargo, cuando tomamos la decisión de vivir nuestra vida de acuerdo con el programa del reino de Dios, uno de los primeros lugares donde deberían ser visibles las prioridades de Dios es en nuestro matrimonio.

Como analizamos anteriormente, la familia es la institución fundamental de la sociedad, por lo que es esencial que entendamos los roles del marido y de la esposa a través de la perspectiva de Dios. Pero en nuestra cultura plagada de corazones y hogares rotos, a nosotros los hombres y las mujeres nos cuesta encontrar modelos piadosos de matrimonios y familias. Ese es el motivo por el cual, en este capítulo, quiero enfocarme en los roles de los esposos y las esposas, usando las Escrituras para averiguar de qué maneras prácticas pueden cumplir sus roles individuales del reino en el matrimonio.

En primer lugar, repasemos las definiciones de cómo son el hombre del reino y la mujer del reino. Un *hombre del reino* es «un varón que se sitúa bajo la soberanía de Dios y vive su vida sometido al señorío de Jesucristo». Una *mujer del reino* es «una mujer que se posiciona debajo de la soberanía de Dios y opera de acuerdo con ella en cada área de su vida».

El rol de un marido del reino

Comenzaré con los esposos, ya que así es como comenzó Dios cuando creó a Adán y, al final de cuentas, Dios considera al hombre responsable por el estado del hogar. Cuando Adán y Eva desobedecieron, Dios buscó a Adán, no a Eva, porque él era el responsable. Maridos, quiero que le den un vistazo a cuatro principios claves que, cuando los apliquen, convertirán su juramento en una maravilla matrimonial.

Amar

El primer rol del marido es amar a su esposa. Es fácil ser indolente en esto en un mundo que utiliza la palabra *amor* para describir las preferencias televisivas de alguien («Amo el fútbol») o las comidas favoritas («Amo el pollo frito»). Pero el tipo de amor que la Biblia estipula que el esposo debería tener por su esposa responde al modelo del amor de Cristo por su iglesia.

> *Un hombre del reino es «un varón que se sitúa bajo la soberanía de Dios y vive su vida sometido al señorío de Jesucristo».*

Efesios 5:25 dice que el hombre debe amar a su esposa «así como Cristo amó a la iglesia y se entregó por ella» (NVI). Entonces, ¿cómo puede un marido amar a su esposa basándose en el modelo del amor de Cristo por la iglesia?

En primer lugar, Cristo entregó su vida para liberar a su iglesia del pecado y de la muerte, y para salvarla para que tuviera una relación con él. En otras palabras, el Salvador y Libertador de la iglesia demostró un amor sacrificial y de entrega, ocupándose de las necesidades de su novia, la iglesia. El marido no debe estar en el matrimonio primero y por encima de lo demás para lograr satisfacer sus necesidades; antes bien, debería estar atento a los intereses y las necesidades de su esposa. El amor del marido debería caracterizarse por su sacrificio por el bien de su esposa.

En Filipenses 2:3-11, Pablo analizó más profundamente este concepto de cómo es el amor sacrificial de Cristo. En particular, una cualidad que Pablo identificó como clave es la humildad, «considerando a los demás como mejores que ustedes» (versículo 3). Como esposo, si usted descubre que el orgullo personal o el egoísmo es una barrera para entregarse a sí mismo sacrificialmente por su esposa, entonces no está amando como Cristo amó. El verdadero amor bíblico tiene en cuenta las necesidades de su pareja por encima de las suyas.

> *Una mujer del reino es «una mujer que se posiciona debajo de la soberanía de Dios y opera de acuerdo con ella en cada área de su vida».*

El amor sacrificial de Cristo en favor de la iglesia también iba dirigido a un propósito en particular. Según Efesios 5:26-27, Cristo amó a la iglesia «a fin de hacerla santa y limpia al lavarla mediante la purificación de la palabra de Dios. Lo hizo para presentársela a sí mismo como una iglesia gloriosa, sin mancha ni arruga ni ningún otro defecto. Será, en cambio, santa e intachable».

En la Biblia, el proceso de santificación significa «apartado para un uso especial». En el Antiguo Testamento, era el proceso por medio del cual los objetos eran limpiados y purificados para que se pudieran usar en el templo. El propósito del amor de Cristo era limpiar y purificar a su novia, la iglesia. De la misma forma, el esposo debe preocuparse íntimamente por el desarrollo espiritual y personal de su esposa.

Como pastor, he visto lo opuesto demasiadas veces. En muchos matrimonios, la mujer, más que el marido, es la que crece espiritualmente y se preocupa por el crecimiento de su esposo. Un hombre del reino tiene que ser diligente para tomar la delantera en el área de la intimidad espiritual con el Señor, de modo que, aunque su esposa sea una seguidora cercana de Jesucristo, él todavía tenga algo más grande que la inspire. ¡Solo piense en lo poderosa que sería una unión matrimonial como esa!

Además, Efesios 5:28-29 dice:

De la misma manera, el marido debe amar a su esposa como ama a su propio cuerpo. Pues un hombre que ama a su esposa en realidad demuestra que se ama a sí mismo. Nadie odia su propio cuerpo, sino que lo alimenta y lo cuida tal como Cristo lo hace por la iglesia.

De la misma manera que el marido «alimenta» y «cuida» su propio cuerpo para satisfacer sus necesidades, así también debería procurar satisfacer las necesidades de su esposa. Él la «alimenta» y la «cuida» para que dentro de diez, veinte o treinta años, la esposa pueda decir con toda seguridad: «Estoy satisfecha con mi vida, mi propósito y mi matrimonio».

> *De la misma manera que el marido «alimenta» y «cuida» su propio cuerpo para satisfacer sus necesidades, así también debería procurar satisfacer las necesidades de su esposa.*

Ahora, la mayoría de los hombres no queremos saber nada de cruces y sacrificios. Más bien, nos gusta escuchar cómo se supone que vamos a usar la corona de rey de nuestros castillos. Sí, de acuerdo, Jesús usó una corona terrenal antes de usar la corona en el cielo, pero era una corona de espinas. Esposos, no recibirán la corona de gloria si primero no usan la corona de la cruz.

Así que, aunque a la mayoría de los hombres les gusta hablar de todas las cosas buenas que implica el amor, lo primero que Dios quiere saber acerca de ustedes como maridos es lo siguiente: cuando su esposa lo mira, ¿ve una cruz? ¿Está usted demostrando el amor de Dios verticalmente al vivir con ella como una representación horizontal de Jesús?

Los hombres somos expertos en decir las cosas correctas. Cuando queremos, podemos hablarle a nuestra esposa de una manera que causa una excelente impresión, diciéndole cómo puede contar con nosotros para lo que ella necesite y que la protegeremos y que hasta daremos la vida por ella si es necesario.

Pero no estamos locos. Sabemos que las probabilidades de que eso suceda son muy remotas. Yo, en lo personal, no recuerdo ningún hombre que haya conocido que haya muerto, ni siquiera que haya sido herido, por defender a su esposa de algún intruso trastornado, y lo más probable es que usted tampoco recuerde a alguien así. No nos sucederá a la mayoría de nosotros, ni a nadie que conozcamos. Así que, es bastante seguro declarar que nosotros haríamos el máximo sacrificio por nuestra esposa.

Pero, para la mayoría, la realidad es otra cuando se trata de los sacrificios cotidianos de la vida matrimonial: entregar o ceder nuestros deseos, nuestras opiniones, nuestras preferencias y nuestros planes por nuestra esposa. Cuando Dios nos llama a los maridos a sacrificarnos por nuestra esposa, no solo está hablando de estar dispuestos a morir. Sacrificarnos por nuestra esposa y amarla implica clavar nuestros deseos y nuestro programa en la cruz para satisfacer las necesidades de ella.

Esto nos lleva al área en la que fallamos tantas veces como maridos: el egoísmo. Para la mayoría de los hombres es difícil renunciar a nuestros deseos por nuestra esposa. Pero el marido debe dejar que su amor sea visible y tangible para que su mujer pueda sentir cuánto la valora.

Cualquiera que me conoce sabe que soy un hombre varonil. Me encanta ser hombre. Todo en mí se entusiasma ante la idea y la realidad de la hombría. (¡Nada más lea *Un hombre del reino*!) Pero, indefectiblemente, cuando mi esposa me da su «bolsa» para que la sostenga mientras ella hace compras (le digo «bolsa», hermanos; eso ayuda), yo se la agarro. Sí, yo soy de esa clase de hombres: el que le lleva la cartera a su mujer. ¿Me gusta hacerlo? No. ¿Me hace ver varonil? No, no de acuerdo a la definición del mundo. ¿Amo a mi esposa? Sí. Y esta es una manera muy simple de demostrar mi amor por ella en forma visible.

La pregunta acerca del sacrificio del marido es muy simple: si yo le diera a su esposa una hoja de papel y le pidiera que escribiera una lista de las cosas a las que usted ha renunciado por lo que ella necesita, desea o quiere, ¿qué tan larga sería su lista?

Si le pidiera a ella que me dijera de qué maneras ha cambiado usted su horario o sus actividades para que ella pueda hacer algo que quiere o necesita hacer, ¿tendría algo que decirme? Si la respuesta es no, ese es el primer lugar por donde tiene que empezar a hacer algunos cambios en su matrimonio.

Yo trabajo mucho, y lo disfruto. No solamente he sido pastor de una iglesia durante casi cuarenta años, sino que además tenemos un ministerio nacional, y predico frecuentemente. Pero, hermano, siempre abro espacio en la semana para mi esposa, y usted debería hacer lo mismo. Un día a la semana se lo dedico a ella. Guardo mi teléfono celular (por lo general); enfrento la lista de las cosas de «Mi amor, ¿podrías...?»; la pasamos bien comiendo juntos, hablando y yendo de compras, cualquiera que sea el caso. Hoy en día, muchos hombres sacrifican la relación con su esposa por su profesión o sus pasatiempos, pero eso no es cumplir con su papel en el matrimonio.

> *Hoy en día, muchos hombres sacrifican la relación con su esposa por su profesión o sus pasatiempos, pero eso no es cumplir con su papel en el matrimonio.*

Lo animo a que empiece con intentar, deliberadamente, entender a su esposa y lo que ella necesita de usted pero que no está recibiendo. Luego, procure satisfacer tantas de esas necesidades como sea razonablemente posible. Si la comunicación en su matrimonio está vedada a tal punto que usted ni siquiera sabe qué quiere o necesita su esposa, y ella es demasiado tímida como para decir algo, tiene que dirigirse a ella ahora mismo y preguntárselo. Posiblemente se sorprenda de la respuesta que ella le dé. Pero no lo sabrá hasta que se lo pregunte. Es posible que esté trabajando en alguna cuestión que cree que satisfará a su mujer pero que esté errando completamente el blanco.

Un buen amigo mío hace poco le preguntó a su esposa qué cosa podía hacer él por mejorar la relación. Él suponía que ella iba a decirle algo como «pasa más tiempo con los niños» o «crece más en lo espiritual». ¿Sabe qué le respondió? «Deja de morderte las uñas».

Mi amigo se reía mientras me contaba que él había tenido la costumbre de morderse las uñas durante todo el tiempo de su matrimonio. Aparentemente, era algo que a ella realmente le molestaba, pero casi nunca decía nada. Saber que esto era lo que más quería su esposa le dio no solo la capacidad, sino también el deseo de acabar con ese hábito. Así que, anímese y pregunte. Se terminarán las conjeturas del misterio de amar bien.

La idea es que nuestro amor debe ser tan visible como verbal.

Conocer, honrar y orar con su esposa

Los otros tres roles que el marido debe cumplir en el matrimonio son conocer a su esposa, honrarla y orar con ella. Vivir con su esposa significa morar en íntima armonía con ella, haciendo de su hogar un lugar de intimidad y apoyo mutuo. Muchos hombres encaran su vida familiar con la actitud de que el hogar y las responsabilidades que conlleva son, fundamentalmente, una tarea de la esposa. Sin embargo, si el esposo ha de vivir con su mujer «de manera comprensiva» (1 Pedro 3:7, LBLA), él tiene que ver al hogar como el lugar principal para ejercer el mandato de Cristo de amar sacrificialmente y con entrega. El esposo debe estar entregado al hogar como un lugar de vocación y llamado, además de a su lugar de trabajo. Cuando las cosas que usted hace por su esposa fuera del hogar (como su profesión) lo hagan mucho menos presente con ella, usted no está viviendo de la manera que describe 1 Pedro 3:7.

Vivir con su esposa «de manera comprensiva» también significa que el marido es responsable de conocer a su esposa íntimamente. Eso quiere decir que él debe dedicar tiempo para llegar a conocerla y hacer las modificaciones necesarias en su horario para facilitarlo.

Otro rol del marido es «[darle] honor» a su esposa, «como a coheredera de la gracia de la vida» (versículo 7). Honrar a su esposa es colocarla en una posición de importancia y tratarla como a una persona única. Ya sea mediante palabras amables, regalos especiales o notas diciéndole cuánto la ama, usted tiene la responsabilidad de hacerle saber a su esposa que ella es especial.

El verdadero compromiso de honrar a su esposa representa algo más que agasajarla solamente en fechas especiales (cumpleaños, aniversarios, el Día de los Enamorados); significa comunicarle constantemente cuánto valora usted su relación. Así como la bondad amorosa de Dios se renueva cada mañana (Lamentaciones 3:22-23), nosotros, como líderes del reino, deberíamos mostrarle esa clase de constancia a nuestra esposa.

El mandato del marido de honrar a su esposa tiene su raíz en el reconocimiento de que ella es «coheredera de la gracia de la vida». Aunque la esposa está llamada a someterse a su marido, esta es una correspondencia de función, no una declaración de desigualdad como personas. Como el hombre, ella está creada a la imagen de Dios y es digna de honor como ser espiritual, igual al hombre, a los ojos de Dios. ¿Usted trata y considera a su esposa como su par? Una manera de saber si lo hace es si busca su consejo cuando tiene que tomar una decisión. Otra manera de saberlo es si busca su compañía cuando tiene tiempo libre o tiempo de ocio.

Finalmente, el rol del marido es orar con su esposa. En la raíz del mandamiento de que el esposo viva con su mujer «de manera comprensiva» (conocerla) y de que la honre está esta advertencia: «para que las oraciones de ustedes no sean estorbadas» (1 Pedro 3:7, RVA2015). Dado que la esposa es «coheredera de la gracia de la vida», Dios no hará nada por el marido a menos que la esposa esté incluida. Dios ve el pacto matrimonial como involucrarse en una relación de «una sola carne»; por consiguiente, la esposa ahora está incluida en toda interacción que Dios tenga con el marido. El esposo, entonces, debe tener el compromiso de orar con su mujer para que juntos puedan cosechar los beneficios espirituales del plan del reino de Dios.

> *Dado que la esposa es «coheredera de la gracia de la vida», Dios no hará nada por el marido a menos que la esposa esté incluida.*

Los maridos, como líderes, son el termostato espiritual de su matrimonio y de su familia, y marcan la temperatura espiritual del hogar. La esposa, no obstante, es el termómetro, la que indica la temperatura real de la casa. Para saber si un hombre está cumpliendo el programa del reino de Dios para su hogar, el mejor lugar al que mirar es su esposa. ¿Se siente amada, conocida, honrada y espiritualmente estimulada en su relación con su esposo? Si la respuesta es no, el marido tiene que revisar su termostato en busca de daños y volver a invertir tiempo y recursos para cumplir su rol como hombre y esposo del reino. Esposos, si quieren una esposa tan feliz como el verano, no lleven el clima invernal a casa.

El rol de una esposa del reino

Tomando prestada una frase de un libro popular, señoras, me gustaría que «vayamos adelante» en esta parte. Porque demasiadas veces ha sucedido que la religión, la cultura y lo demás por el estilo subestiman mucho el rol de la mujer, en detrimento de todos. Usted, como esposa, es una pieza crítica en el rompecabezas de promover el reino de Dios en la tierra.

No hace mucho, estaba navegando en Internet (¡sí, tengo un iPad!) y me encontré con un artículo de portada en *Christianity Today*, titulado «50 mujeres que usted debe conocer». Lo acepto, me fijé en el artículo porque mi hija

Priscilla aparece mencionada en él como una de las cincuenta mujeres, y ella es una fuerza digna de ser tenida en cuenta para el reino de Dios. Pero lo que me llamó la atención mientras empezaba a leer fue el subtítulo del artículo, que decía: «Consultamos a líderes claves cuáles mujeres cristianas están moldeando más profundamente a la iglesia evangélica y a la sociedad norteamericana. Estos son los nombres que eligieron»[1].

Esa frase en particular me atrapó porque, si bien cada una de esas cincuenta mujeres en verdad ha impactado profundamente a la iglesia y a nuestra cultura a través de sus diversos ministerios o de su influencia política, hay una infinidad de mujeres desconocidas que pueden haber tenido o que tienen una influencia aún más grande. Estas mujeres lo hacen a través de los hijos que crían, quienes crecen y se convierten en personas de influencia espiritual, líderes, favoritos del mercado, escritores, cantantes y gente por el estilo. Dichas mujeres también lo hacen a través de los hombres a los que apoyan como esposas.

Detrás de cada hombre del reino hay una mujer del reino, y le aseguro que, en la actualidad, los hombres influyentes que podrían estar en cualquier listado de los «50 hombres que usted debe conocer» no estarían ahí en absoluto sin sus esposas, quienes creyeron en ellos desde el principio, se sacrificaron por ellos mientras crecían, los amaron durante su aprendizaje e hicieron planes con ellos en aquellas horas tardías de la noche o en las conversaciones matutinas, bebiendo un café.

Muchos hombres han hecho grandes cosas, más grandes e importantes de lo que alguna vez aspiraron hacer, simplemente porque tuvieron mujeres que creyeron en ellos y los alentaron a seguir adelante.

La poderosa fuerza de una mujer del reino no se puede exagerar.

Muchos hombres han hecho grandes cosas, más grandes e importantes de lo que alguna vez aspiraron hacer, simplemente porque tuvieron mujeres que creyeron en ellos y los alentaron a seguir adelante. Sus esposas los alejaron de aquellas cosas que no eran más que una distracción y los acercaron a lo que era más beneficioso para Dios y para su reino. Tuvieron una esposa que pasó horas en el silencio de una habitación interna, orando por su marido, cuando él no parecía estar encaminado hacia nada muy importante.

Estoy de acuerdo con aclamar a las mujeres influyentes como lo hizo *Christianity Today*, pero no creo que hayan captado ni reflejado completamente a todas las mujeres de mayor influencia que hay actualmente en nuestro país. Así que, señoras, vayamos adelante, porque lo que tengo que decirles en este preciso instante quizás sea muy diferente a lo que han escuchado acerca del rol de la esposa. Cuando Dios creó a Eva para Adán (para que la mujer se conectara con el hombre), lo hizo para un propósito específico, y ese propósito es mucho más importante de lo que la mayoría de nosotros se da cuenta.

Gran parte de la confusión que sufrimos actualmente en nuestro matrimonio proviene de un punto de vista erróneo sobre este propósito. Cuando leemos que Dios dijo que no era bueno que Adán estuviera solo, suponemos que Eva apareció para proveerle compañerismo. Pero si Dios hubiera creado a Eva para el compañerismo, probablemente Adán habría dicho que no le gustaba estar solo. Sin embargo, fue Dios quien lo dijo, no Adán. Ese es un concepto importante que solemos pasar por alto, así que necesitamos asimilarlo. Además, la palabra hebrea utilizada para describir a la mujer como una «ayudante» no se refiere a alguien que alivia la soledad. Describe a alguien que brinda una ayuda viable y visible.

Hay un solo motivo por el cual Dios dijo: «Haré una ayuda ideal para él» (Génesis 2:18), y es que Adán claramente necesitaba ayuda.

No estoy negando la importancia del compañerismo, la amistad y la relación en el matrimonio. Pero, basándome en la ley histórica de la primera mención bíblica referida al matrimonio, el compañerismo para Adán no fue la principal preocupación de Dios cuando hizo a la mujer. Se trataba de empoderar a Adán para que ejerciera el dominio en nombre de Dios a un nivel más alto de lo que podría haber hecho él solo.

Las palabras en hebreo que se traducen como «una ayuda ideal para él» en Génesis 2:18 son términos sorprendentemente poderosos. Son *ezer*[2] y *kenegdo*[3]. *Ezer* aparece veintiún veces en el Antiguo Testamento, de las cuales solamente dos se refieren a una mujer. Los otros casos se refieren a Dios mismo brindando ayuda a un nivel superior (por ejemplo, Deuteronomio 33:26; Salmo 33:20; 70:5; 124:8).

Para diferenciar *ezer* de cualquier otro uso en el Antiguo Testamento que se refiriera a una ayuda más firme dada por Dios, se añadió la palabra *kenegdo*. *Kenegdo* significa, literalmente: «delante de tu rostro, dentro de tu punto de vista o tu propósito»[4]. Algunos los han traducido como «la realización de» o «el complemento de».

Esposas, si ustedes consideran que su rol es solamente hacer la comida, limpiar la casa, sonar las narices, llevar a los chicos al entrenamiento de fútbol o a las clases de baile, etcétera, han confundido su rol. Los quehaceres son necesarios, y la comida es importante, pero, dependiendo de la etapa de la vida en que se encuentra, usted podría contratar a alguien para que realice esas tareas, o su marido podría compartir la carga. Como esposa, usted tiene un fuerte llamado a descubrir con su cónyuge cómo quiere Dios que ambos usen de la mejor manera sus habilidades, sus talentos, su tiempo y su tesoro para promover el reino de él en esta tierra.

Eva fue creada para mucho más que para ser una sirvienta. De acuerdo con la definición contextual de «una ayuda ideal para él», ella fue creada para ser una «gran ayuda», en la posición de «complemento». Progresar en su destino como marido y mujer es un esfuerzo de colaboración, si quieren avanzar bien individualmente y en conjunto.

Mi esposa, Lois, es muy distinta a mí en cuanto a temperamento y habilidades. Pero Dios ha usado enormemente la pasión que ella tiene por los detalles y sus dones administrativos para ayudar a poner en marcha y desarrollar nuestra iglesia y nuestro ministerio nacional. Ha sido y sigue siendo una colaboradora esencial para el propósito del reino en nuestro matrimonio, y ese propósito está por encima de la felicidad personal.

> ❖❖❖❖❖
>
> *Como esposa, usted tiene un fuerte llamado a descubrir con su cónyuge cómo quiere Dios que ambos usen de la mejor manera sus habilidades, sus talentos, su tiempo y su tesoro para promover el reino de él en esta tierra.*
>
> ❖❖❖❖❖

Un pasaje bíblico al que no se suele dar importancia y que respalda esta idea se encuentra en Proverbios: «Su esposo es bien conocido en las puertas de la ciudad, donde se sienta junto con los otros líderes del pueblo» (31:23). Las «puertas» en los tiempos bíblicos representaban el lugar donde los dirigentes del pueblo se reunían para discutir las noticias y los acontecimientos importantes. El marido de esta mujer no llegó allí por su propia cuenta. El hecho mismo de que él llegara a tener tanta influencia en su ciudad confirma lo que dije antes en cuanto a que muchas mujeres nunca serán parte de la lista de las «50 mujeres que usted debe conocer» de *Christianity Today*, pero deberían serlo. Si esa es usted, amiga, no se desespere. Dios tiene su propia lista, y sus recompensas durarán mucho más que el aplauso y la atención temporal de este mundo.

Cualquier hombre que no considere a su esposa como una gran ayuda y un complemento, o que no recurra a ella por sus habilidades, su perspectiva, su intelecto, su preparación y sus dones, es un hombre necio. Cualquier hombre que no estimule activamente a su esposa y no provea un medio para que ella mejore sus habilidades, su intelecto y su preparación es un hombre igual de necio. Subestimar a su esposa y su rol, señores, es uno de los errores más graves que podrían cometer en la vida.

Lamentablemente, algunas enseñanzas tradicionales sobre los roles de hombres y mujeres en el hogar han pintado una imagen que no refleja fielmente *ezer kenegdo*. Las normas y las enseñanzas culturales han distorsionado el punto de vista de muchos hombres y mujeres acerca de lo esencial que es el rol de la mujer, y esta distorsión ha sido uno de los principales contribuyentes a la falta de progreso del reino de Dios en la tierra. Eso no significa que el único propósito de la mujer sea ayudar a su marido, como claramente vemos en el ejemplo de Proverbios 31. Pero, en cuanto a la naturaleza de la relación entre marido y esposa, la ayuda que ella le provee a él es muy diferente a lo que la mayoría de nosotros hemos imaginado.

¡Ay, no, la palabra con «S»!

Usted no habrá creído que yo iba a escribir un capítulo sobre los roles en el matrimonio sin llegar aquí, ¿verdad? La sumisión es peor que una palabra grosera. Lo entiendo. Me lo cuentan en la consejería. He visto la pérdida de demasiados matrimonios por el mal uso de esa palabra. La mayoría de las mujeres preferirían morir a vivir su vida encerradas en la camioneta, encadenadas a la cocina o consintiendo cordialmente a todas las decisiones de su esposo (un concepto erróneo habitual de la sumisión). Esa no es en absoluto la idea bíblica de la sumisión. La sumisión se trata del orden jerárquico, al cual habría que apelar solo cuando fuera necesario.

El mejor ejemplo de sumisión lo vi no hace mucho, cuando fui invitado junto con mi familia a asistir a una proyección especial de la película *Cuarto de guerra*, que protagoniza mi hija Priscilla. Como posiblemente sepa, los hermanos Kendrick escribieron, produjeron y dirigieron esta película. Estos dos hombres han hecho un excelente trabajo de insertar principios bíblicos en un formato de historia para que todos podamos beneficiarnos y ser discipulados por medio del arte.

> *La sumisión se trata del orden jerárquico, al cual habría que apelar solo cuando fuera necesario.*

Cuando la película terminó, los hermanos Kendrick quisieron escuchar nuestros comentarios, así que tuvimos un rato para reflexionar y hacer preguntas. Pero yo tenía una pregunta para ellos: «¿Quién tiene la última palabra si no se ponen de acuerdo sobre alguna toma o un diálogo de la película? ¿Quién decide?».

Ambos hermanos sonrieron, y luego uno respondió: «Depende de quién la tenga —me dijo—. Pocas veces tenemos desacuerdos al punto de que uno tenga que imponerse al otro, pero dependiendo de qué proyecto sea, o de qué parte del proyecto, hemos repartido quién es el que lidera, y el que sea el líder es quien tiene la última palabra».

Se rieron e hicieron algunos chistes, y seguimos hablando un poco más de la película. Yo sabía, por la pura alegría que mostraron al discutir lo que hacen, que el problema de la «sumisión» al «líder», como lo llamaron ellos, no era, para nada, un problema. Cada uno confiaba en el juicio y en la postura del otro.

¡Qué maravillosa imagen del matrimonio! Como dijeron los hermanos, casi nunca llegaban al punto en el que uno de los dos tuviera que tener la última palabra. Trabajaban y se movían con tanta armonía hacia la misma visión y el mismo objetivo, que casi siempre eran capaces de ponerse de acuerdo de alguna manera. Pero si alguna vez la situación se complicaba, uno tomaba la decisión y el otro lo seguía. El otro se «sometía».

Jesús es el mejor ejemplo de sumisión vivido en carne y hueso. La mayor parte del tiempo, él y Dios estaban en la misma página. Pero cuando no fue así, y él le pidió a Dios que le quitara la copa del sufrimiento y la muerte, Jesús finalmente se sometió a la voluntad de su Padre (Mateo 26:36-46). Jesús *eligió* colocarse bajo la autoridad de Dios el Padre, aunque ambos eran iguales y tenían todas las características de la divinidad.

La palabra clave del ejemplo divino de Jesús de someterse es *elección*. No fue a la fuerza. La sumisión que se hace a la fuerza no es sumisión. Tampoco la sumisión de la esposa a su marido es absoluta, porque su mayor compromiso es con el Señor.

> ❖❖❖❖❖
>
> *Cuando una mujer aprende de verdad cómo someterse y lo hace tan bíblicamente como al Señor, esto abre la puerta para que Dios obre a su favor en la vida de su esposo.*
>
> ❖❖❖❖❖

Entonces, ¿por qué la sumisión es un principio del matrimonio tan incomprendido y mal usado? Muchas mujeres se sienten poco valoradas y no reconocidas en sus contribuciones al hogar, para su *ezer kenegdo*. Cuando entendemos mal esto, muchas cosas se vuelven erróneas como consecuencia. Por eso la sumisión puede parecerse a darse por vencida: al *status quo*, a la falta de reconocimiento o de valor o hasta al aburrimiento y a la falta de propósito, sentido y pasión por la vida.

¡Pero lo exactamente opuesto es cierto! Cuando una mujer aprende de verdad cómo someterse y lo hace tan bíblicamente como al Señor, esto abre la puerta para que Dios obre a su favor en la vida de su esposo.

Sumisión proviene de la palabra griega *hupotasso*, que significa «colocarse voluntariamente bajo la autoridad de otro». Es lo que Cristo demostró en la cruz. Esto lo vemos más detalladamente en el capítulo sobre el orden, pero aquí vale la pena repetir que Dios llama a los esposos a someterse voluntariamente a Cristo (1 Corintios 11:3) y a las esposas a someterse voluntariamente a Dios y a sus esposos. Nuevamente, la sumisión no indica una condición ni un valor inferior. Cuando Dios llama a las esposas a someterse a sus maridos, les pide que confíen en el diseño de Dios para el matrimonio.

La gran subversión de Satanás

Cuando Satanás tentó a Eva en el jardín del Edén, quiso poner el orden del matrimonio de cabeza. Satanás se alegra cuando las esposas adoptan el rol de dirigir el matrimonio por encima de sus esposos. Pero, así como Dios responsabilizó a Adán por no dirigir bien a Eva en el jardín, responsabilizará a los hombres por renunciar a su rol en la familia. Y, así como Eva fue culpable por ignorar la dirección de Adán cuando él estuvo junto a ella en la presencia de la serpiente, Dios responsabilizará a las esposas por ignorar la legítima dirección de su esposo.

Cuando Adán y Eva cayeron en la tentación de Satanás, cayó una maldición sobre toda la creación. Dios le dijo a Eva que, como resultado de su desobediencia, ella y todas sus descendientes femeninas querrían apropiarse del liderazgo familiar, pero sus maridos desearían dominarlas (Génesis 3:16). Gracias a Dios, Cristo revirtió la maldición y les da a las esposas y a los maridos la gracia para vivir en armonía, conforme al plan original de Dios.

Es bastante fácil para una mujer ser sumisa a su esposo si él ama al Señor y se comporta en obediencia a él. Pero ¿qué pasa si él no lo hace? ¿Dios sigue pidiéndole que se someta si el marido no vive como un cristiano? He aquí una pregunta mejor: ¿Dios puede dirigir una familia cuando el esposo no camina con él? Sí. Dios es soberano, y la esposa puede entregarse completamente a él, confiando en que Dios no solo obrará a través de un esposo desobediente, sino que puede transformar el corazón de ese esposo por medio de la honra y el respeto que su esposa le manifiesta.

> ❖❖❖❖❖
>
> *Cuando la esposa está dispuesta a rendirse primero al Señor, solo así podrá someterse adecuadamente a su marido.*
>
> ❖❖❖❖❖

Cuando la esposa está dispuesta a rendirse *primero* al Señor, solo así podrá someterse adecuadamente a su marido. Y cuando Dios ve que una mujer confía en él lo suficiente como para honrar el rol de su marido, él obrará de maneras sorprendentes y hasta milagrosas para bendecir y guiar a su familia, así como lo hizo por Sara (1 Pedro 3:6).

7

✤✤✤✤✤

LAS
RESOLUCIONES

UNA VEZ, UN MARIDO COMPARTIÓ con un amigo su secreto para lograr que su matrimonio durara:

—Una vez por semana vamos a un buen restaurante y disfrutamos de una buena comida y algo de música relajante.

A lo cual su amigo le replicó:

—¡Vaya! Eso parece muy bueno.

—Lo es —respondió el esposo—. Ella va los martes y yo, los viernes.

Otro marido contó que el secreto de su matrimonio es que él y su esposa se pusieron de acuerdo en nunca acostarse enojados con el otro. Parecía una buena idea; sin embargo, como resultado, hace años que no duermen juntos.

Aunque la relación matrimonial es una de

——— ✤✤✤✤ ———

Aunque la relación matrimonial es una de las más gratificantes de las que podemos gozar, también puede ser una de las más exigentes.

✤✤✤✤

las más gratificantes de las que podemos gozar, también puede ser una de las más exigentes. Ninguna otra relación requiere un nivel tan intenso y constante de diálogo y del uso compartido de recursos, emociones, comunicación, paciencia, pasión y más. Simplemente por su diseño, la relación de pareja se constituye a sí misma como uno de los compromisos más difíciles, complicados e, incluso, agotadores de la vida. No es raro que tantas parejas terminen divorciándose y que tantos de los que siguen casados lo hagan por obligación más que por deseo o por amor.

Sin embargo, lo que yo quiero que usted tenga en cuenta en este capítulo es el valor del efecto santificador del matrimonio. Como dice Gary Thomas: «¿Y si Dios diseñó el matrimonio para hacernos santos más que para hacernos felices?»[1]. Cuando hacemos del buscar y del servir a Dios nuestro llamado más importante, como debería ser, debemos aprovechar todo lo que nos prepara y nos posibilita para hacerlo mejor.

> *Muchas veces, Dios usará las cosas y las personas que estén más cerca de nosotros para obrar mejor en nuestro corazón, en nuestra mente y en nuestra alma.*

Muchas veces, Dios usará las cosas y las personas que estén más cerca de nosotros para obrar mejor en nuestro corazón, en nuestra mente y en nuestra alma. Lo que tenemos que recordar en estas situaciones conflictivas es que Dios siempre tiene un propósito para el dolor (Romanos 8:28) cuando le confiamos ese dolor a él y a su voluntad. Su cónyuge no es su enemigo, sino una herramienta que Dios usa a veces para limar sus aristas, fortalecer sus debilidades y hacer más profunda la autenticidad tanto de su fe como de su amor.

Un hombre al que estaba aconsejando se me acercó un día en la iglesia y me dijo:

—Pastor, mi esposa está matándome.

Sonreí, puse mi mano en su hombro y le dije:

—Usted me dijo que quería parecerse más a Jesús, ¿verdad?

En esta vida, debemos morir a nuestro yo (nuestra carne o naturaleza pecaminosa) de manera que la plenitud del Espíritu Santo de Dios more en nuestro interior y manifieste su fruto. Lamentablemente para la mayoría de los matrimonios, esta unión puede proveer algunas de las mayores oportunidades para que ocurra esta muerte.

Ahora, si usted es uno de los pocos maridos o esposas que tiene una prolongada luna de miel color de rosa, probablemente este capítulo no sea para usted. Pero, luego de varias décadas de aconsejar a parejas cuyo matrimonio parecía de color de rosa por fuera pero no era así bajo la superficie, tengo la impresión de que este capítulo es para más de nosotros de lo que nos gustaría reconocer. El matrimonio trae aparejado el conflicto, ya sea por competencia de valores, preferencias, deseos, cualidades o incluso control. Cualquier cosa que cause conflicto en su matrimonio, si usted y su cónyuge aprenden cómo verla a través del lente del amor de Dios, pueden crecer a partir de ella en lugar de permitir que los destruya.

El propósito de la espina

Uno de los mejores pasajes que muestra el punto de vista del reino sobre las adversidades o los conflictos está en la segunda carta del apóstol Pablo a la iglesia de Corinto. Es un pasaje conocido para la mayoría de los que asisten habitualmente a la iglesia, pero casi nunca se aplica al matrimonio. Dice:

> He recibido de Dios revelaciones tan maravillosas. Así que, para impedir que me volviera orgulloso, se me dio una espina en mi carne, un mensajero de Satanás para atormentarme e impedir que me volviera orgulloso. (2 Corintios 12:7)

Antes de que analicemos más en profundidad, quiero advertirle que no considere a su cónyuge como un «mensajero de Satanás» ni como una «espina en la carne». Su cónyuge es un regalo que Dios le ha dado para permitirle cumplir mejor el destino divino de su vida. Debemos ser cuidadosos de hacer esa distinción antes de sumergirnos en este pasaje. Sin embargo, Dios puede y a menudo usa a las personas (incluso al diablo) para desarrollar nuestra madurez espiritual y nuestro carácter.

La palabra griega para «espina» en este pasaje se refiere a algo que provoca una irritación. Es como una astilla de un pedazo de madera que se le mete debajo de la piel. Involucra cualquier cosa que le cause exasperación, frustración o irritación constante. Pero recuerde: la persona no es la espina; él o ella simplemente es el vehículo por medio del cual Dios permite que entre la espina.

La espina podría referirse a esa cosa que su cónyuge hace, o no hace, que le provoca un suspiro. O una diferencia de perspectiva que ninguno de los dos ha sido capaz de resolver aún. Podría ser cualquier tipo de cosas. La Biblia nunca nos dice específicamente qué fue la «espina» que le hizo padecer el Señor. Algunos dicen que era una deficiencia en la vista, mientras que otros especulan que puede haber sido la soledad. Pero, dado que usa el término *mensajero*, es posible que la espina fuera una persona usada por el diablo para irritarlo. Cualquiera que haya sido el caso, el principio sigue siendo el mismo: una espina es algo que Dios da o permite, que causa dolor o agotamiento, para un propósito espiritual previsto.

> *Una espina es algo que Dios da o permite, que causa dolor o agotamiento, para un propósito espiritual previsto.*

Algunos tenemos que lidiar con espinas emocionales en nuestro matrimonio. Son cosas que tienen que ver con nuestros sentimientos. Tal vez sea la soledad. A decir verdad, algunas de las personas más solitarias que conozco son parejas casadas. Esto se debe a que la relación carece de una conexión o amistad verdadera, lo cual lleva a la pareja a sentirse aislada. Puede que estén juntos, pero se sienten solos. Otras espinas emocionales pueden ser la depresión, el remordimiento, el dolor, y una espina frecuente en los matrimonios: la amargura.

Algunas parejas tienen que enfrentar más espinas relacionales. Esto sucede cuando la personalidad, las particularidades, las inclinaciones o las preferencias de su pareja sencillamente les molestan. Aunque no haya justificación bíblica para el divorcio, tampoco hay ninguna atracción, cariño ni valoración evidente en los matrimonios. Estas parejas suelen sentirse espiritualmente atrapadas e infelices porque sus necesidades no son satisfechas, pero también se sienten incapaces de hacer algo significativo para cambiar esa realidad.

También he visto matrimonios derrumbados por las espinas económicas. A pesar de los dos sueldos, a las parejas les cuesta llegar a fin de mes. Muy pocas veces experimentan la libertad de disfrutar el fruto de su trabajo. O, quizás por causa de las dificultades económicas, son prisioneros de situaciones laborales desdichadas que luego se desbordan a su relación marital y a su hogar. Y justo cuando pareciera que están por salir del hoyo de las deudas, aparece algún otro gasto que los retiene allí. Parece que no pueden librarse de la tempestad financiera.

Y luego están las espinas físicas. Son los problemas de salud como las enfermedades crónicas, los dolores de cabeza que no pasan nunca, las discapacidades, la falta de energía, el cáncer o cualquier cantidad de otros males. Los matrimonios no parecen prometedores cuando son acosados por los problemas de salud. Las estadísticas indican que alrededor del 75 por ciento de los matrimonios con dificultades terminan divorciándose cuando uno de sus miembros tiene una enfermedad crónica[2]. Los pronósticos no son buenos en absoluto. El estrés de los problemas relacionados con la salud suelen pasarle factura a las parejas. Un señor, que había cuidado a su esposa con esclerosis múltiple durante más de veinte años, me contó que ellos acostumbraban asistir a congresos sobre la esclerosis múltiple una vez al año, pero que dejaron de ir porque se entristecían al ver a tantos cónyuges que habían sido abandonados por su pareja cuando cayeron enfermos con la enfermedad crónica. Decían que casi nunca veían matrimonios; la mayoría de las parejas se habían ido.

Las espinas aparecen en todo tipo de formas y tamaños, pero, más allá de su magnitud o de su filo, una espina siempre es dolorosa. Si alguna vez ha caminado descalzo en un campo de Texas, sabe de qué estoy hablando. Las espinas diminutas son apenas visibles en las puntas de los cardos que crecen en el césped, pero lastiman lo suficiente como para hacerlo dejar de caminar inmediatamente.

A nadie le gusta una espina, por más grande o pequeña que sea. De manera que el primer principio para empezar a aplicar en nuestro matrimonio es reconocer que *el matrimonio viene con espinas, por el simple hecho de que tanto el marido como la esposa son humanos*. El matrimonio implica sufrimiento. Ignorar esa realidad, o descartarla, solo hará que las heridas se infecten y empeoren, en lugar de producir aquello para lo que fueron pensadas, que es hacernos madurar y llegar a ser como Jesucristo.

El segundo principio para aplicar en nuestro matrimonio es reconocer que

> ❖❖❖❖❖
>
> *El matrimonio implica sufrimiento. Ignorar esa realidad, o descartarla, solo hará que las heridas se infecten y empeoren.*
>
> ❖❖❖❖❖

las espinas son un regalo. El apóstol Pablo dijo: «Se me *dio* una espina en mi carne» (2 Corintios 12:7). Pablo no se tropezó con esta espina; no la encontró un día cuando salió a caminar. No se chocó con ella ni fue que la espina lo persiguió. Esta espina, que le trajo dolor, le fue «dada» por Dios a través de «un mensajero de Satanás».

Al parecer, Dios está involucrado en el negocio de dar espinas, después de todo. No es algo que escuchemos muy a menudo en estos tiempos del Dios Santa Claus cósmico, quien supuestamente debe bendecirnos, prosperarnos y ensanchar nuestras fronteras con su favor. Aunque Dios efectivamente hace estas cosas, también debemos recordar que a él le interesa mucho hacernos desarrollar a lo largo del camino. Una de las peores cosas que podría pasarle en la vida a una persona sería llegar a su destino y seguir siendo demasiado inmadura espiritualmente para vivirlo en su plenitud. La oportunidad entonces se desaprovecha o no se aprovecha al máximo.

Esta es la razón por la que una de las oraciones más peligrosas que puede hacer por su matrimonio es que Dios los bendiga. El camino a la bendición muchas veces está plagado de lecciones que hay que aprender primero, y de la fe que hay que desarrollar. Estas lecciones fortalecen su carácter, cultivan sus virtudes y hacen más profundo su amor, de manera que, cuando usted reciba las bendiciones de Dios, no las despilfarre por culpa de su propia inutilidad como creyente. Sé que *inutilidad* puede sonar como una palabra dura, pero no es mía; es del apóstol Pedro. Así que, ¡agárreselas con él cuando lo vea! Pedro nos recuerda las muchas capas de nuestro desarrollo personal que debemos acoger y llevar a la práctica para no vivir una vida «inútil»:

> En vista de todo esto, esfuércense al máximo por responder a las promesas de Dios complementando su fe con una abundante provisión de excelencia moral; la excelencia moral, con conocimiento; el conocimiento, con control propio; el control propio, con perseverancia; la perseverancia, con sumisión a Dios; la sumisión a Dios, con afecto fraternal, y el afecto fraternal, con amor por todos. Cuanto más crezcan de esta manera, más productivos y útiles serán en el conocimiento de nuestro Señor Jesucristo.
> (2 Pedro 1:5-8)

Cuando ore pidiéndole a Dios que lo ayude a amar más plenamente a su cónyuge, o que su cónyuge lo ame más profundamente, recuerde cómo es el camino que enseña y cultiva el amor. Eso incluye dominio propio, perseverancia, amabilidad y más. Que yo sepa, las virtudes como esas no salen de la nada. Más bien, se desarrollan con el tiempo y, a menudo, a través de las pruebas por medio de las espinas.

Aprender de la espina

¿Cómo sabe cuándo está sufriendo una espina? Porque no se va. En 2 Corintios 12:8, leemos: «En tres ocasiones distintas, le supliqué al Señor que me la quitara». La espina de Pablo lo fastidiaba y no lo dejaba, a pesar de que él dedicaba tiempo en oración con el Señor. Cuando le suceda eso en su matrimonio, considere qué podría estar queriendo lograr Dios mediante el problema que usted está enfrentando. Demasiados de nosotros estamos simplemente tratando de librarnos de algo que Dios mismo nos dio. Dios le dio a Pablo esta espina por medio de Satanás porque había algo que quería desarrollar en Pablo: Dios quería que Pablo aprendiera a confiar en él para obtener su fuerza.

> *Cuando ore pidiéndole a Dios que lo ayude a amar más plenamente a su cónyuge, o que su cónyuge lo ame más profundamente, recuerde cómo es el camino que enseña y cultiva el amor.*

Si en su relación hay algo por lo que usted ha orado y no parece que Dios está respondiendo a su oración, quitando el problema o dándole una solución, la próxima vez que se dirija a él en oración, pregúntele qué quiere enseñarles a usted y a su cónyuge con esta espina.

Una de las razones por las cuales Dios le da una espina es porque quiere mostrarle algo nuevo. Quiere que vea algo que está más allá de su comprensión normal, y sin la espina no lograría llamarle la atención fácilmente.

Demasiados cristianos se conforman con vivir una vida normal, en lugar de la vida abundante que Cristo murió para darles. Por eso se pasan el tiempo quejándose de sus espinas y tratando de disimular el dolor con distracciones en lugar de preguntarle al Señor qué quiere enseñarles que los lleve al siguiente nivel de madurez espiritual.

Los deportistas que forman parte de equipos de atletismo profesional no llegaron allí sin una importante cuota de sufrimiento. Para desarrollar sus músculos y ajustar sus habilidades, tuvieron que ejercitarse, practicar y prepararse. Deliberadamente tuvieron que sufrir espinas que los llevaran adonde necesitaban estar. De manera similar, ningún creyente maduro llega a la madurez solamente deseando alcanzarla. El crecimiento se logra a través de la disciplina, el aprendizaje y la aplicación de las verdades de Dios a las situaciones de la vida. En su matrimonio, alcanzarán la madurez cuando ambos busquen la sabiduría de Dios acerca de las espinas que les permite experimentar, en vez de quedar resentidos el uno con el otro por ser el que trajo la lección.

Otra razón por la cual Dios nos da espinas en el matrimonio es para evitar que nos enorgullezcamos de nosotros mismos. Pablo dijo: «Para impedir que me volviera orgulloso, se me dio una espina en mi carne» (2 Corintios 12:7). Las espinas nos recuerdan que somos humanos, como todos los demás. Hacen que seamos dependientes de Dios. Sin espinas, nuestra tendencia es olvidar nuestra necesidad de Dios. ¿Qué diferencia hay en su vida de oración y en el tiempo que le dedica a la Palabra de Dios cuando está atravesando una prueba, a cuando todo parece marchar sobre ruedas? A la mayoría, las pruebas y las espinas nos ponen de rodillas. Dios no quiere que olvidemos de dónde proviene toda vida abundante en nuestro matrimonio.

Una tercera razón por la que Dios permite una espina en nuestra vida es para tratar un pecado actual, o hasta uno en potencia, en nosotros. La espina puede ser, aunque no lo es siempre, de naturaleza disciplinaria (Hebreos 12:8-11). A veces, cuando Dios permite que ciertas circunstancias, personas o situaciones nos golpeen, es porque quiere abordar algo que tal vez nosotros no hayamos visto o de lo que no estaríamos dispuestos a arrepentirnos, si no fuera por la espina. Como mínimo, él quiere abordar nuestro pecado de orgullo y autosuficiencia.

Su respuesta a la espina

Como ya vimos, el apóstol Pablo reaccionó a su espina, en primer lugar, con oración. Le «suplicó» al Señor que lo librara (2 Corintios 12:8). Siguiendo el ejemplo de Pablo, nosotros también deberíamos orar primero por las espinas que estamos padeciendo en el matrimonio. Para que su matrimonio alcance su máximo potencial en cuanto a su realización y propósito, necesita impregnarse regularmente de oración. En lugar de quejarse de la espina que lo irrita, preséntesela al Señor y pregúntele si puede quitársela. Es posible que lo haga, sin más. Pero si la respuesta es negativa, y el Señor no le ha sacado la espina después de reiterados pedidos, entonces busque la sabiduría de Dios para saber qué desea él que usted aprenda en medio de sus circunstancias. Y busque la fuerza de Dios para soportarla bien, así como Dios le dijo a Pablo que hiciera. Dios no le quitó la espina, pero le dio a Pablo algo de perspectiva: «Mi gracia es todo lo que necesitas; mi poder actúa mejor en la debilidad» (versículo 9).

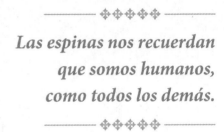

Las espinas nos recuerdan que somos humanos, como todos los demás.

Mi interpretación es la siguiente: «No te concederé lo que me pides, Pablo, pero cubriré tu necesidad». Mientras tanto, cuando Dios se ocupaba de la necesidad de gracia que Pablo tenía para poder manejar la espina con la que estaba lidiando, Dios también estaba perfeccionando el poder de Pablo para vivir la vida abundante. Estaba transformando a Pablo para el propósito que aún debía cumplir.

Dios no siempre responde que sí. Si lo hiciera, su soberanía no sería posible. Y nosotros viviríamos en un mundo de sufrimiento. Cuando usted mira hacia atrás en su vida y ve las cosas que pidió en oración, ¿por cuántos «no» está agradecido ahora? Se dice que en retrospectiva las cosas se ven claramente, pero Dios tiene una vista perfecta: ve el pasado, el presente y el futuro.

Aunque Dios tal vez no lo libre de la espina respondiendo positivamente a sus oraciones, puedo asegurarle que si está soportando una espina que Dios se niega a quitarle, él también le dará la gracia adecuada para que pueda manejarla. Esta es una promesa basada en la Palabra de Dios que se encuentra en lo que yo considero el versículo más impresionante sobre la gracia que hay en toda la Biblia: «Y poderoso es Dios para hacer que abunde en ustedes toda gracia, a fin de que, teniendo siempre en todas las cosas todo lo necesario, abunden para toda buena obra» (2 Corintios 9:8, RVA2015). El remanso de la gracia de Dios está disponible para usted cuando lo necesite. Lo único que tiene que hacer es llegar hasta él confiando en su fuerza y enfocándose en su voluntad, en medio del dolor y de las pruebas.

> *Si está soportando una espina que Dios se niega a quitarle, él también le dará la gracia adecuada para que pueda manejarla.*

Cuando sufra una espina en su relación de pareja y la haya encomendado en oración, pero Dios no se la haya quitado, pídale a Dios su gracia. No trate de sacarse esa espina usted mismo, porque romperá algo. En lugar de eso, busque la gracia de Dios. La diferencia entre un matrimonio derrotado y un matrimonio victorioso con la misma espina es que la pareja victoriosa experimenta la gracia, mientras que la otra pareja trata de arreglar las cosas por su cuenta. Un matrimonio descansa bajo la cobertura espiritual de la gracia, mientras que el otro le da batalla a las cosas en el terreno físico.

Siempre hay dos maneras de encarar cualquier problema en su matrimonio. Una manera es sacarse el problema de encima. Eso no tiene nada de malo. Si el problema puede resolverse eficazmente, hágalo. Pero la otra manera es lograr que suceda algo en su matrimonio en un nivel tan superior que hará que olviden el problema o que ya no lo vean como un problema, sino que lo vean a través de la perspectiva espiritual del aprendizaje. Por ejemplo, supongamos que usted sufre una depresión, pero cuando sale y revisa la casilla del correo, hoy o mañana, retira un cheque legítimo por un millón de dólares. ¿Cree que va a sentirse deprimido ese día? Es dudoso, simplemente porque algo tan tremendamente glorioso supera la espina, y la hace parecer menos importante.

Querida pareja, nosotros servimos a un Dios que puede superar de manera infinitamente abundante lo tremendamente glorioso en su hogar y en su matrimonio, si se quitan los guantes, dejan de verse el uno al otro como si fuera la espina misma y buscan el propósito de Dios en ella. Si se pasan la vida escapándose de sus espinas, se perderán la revelación y la iluminación (y la gracia) que Dios quiere darles.

Todos hemos ido al médico y, en algún momento, hemos aguantado el pinchazo de una aguja. Esa aguja nos irrita, e incluso hace que muchos odiemos las agujas y quizás aun a los médicos. Pero dentro del pinchazo de esa aguja está el medicamento creado para su beneficio y su salud. La misma cosa que lo lastima lo ayuda. Sin embargo, si usted le dice a la enfermera: «No me pinche, porque la aguja me duele», es posible que se libre del dolor del momento, pero también se librará de la medicación y de lo que tiene para ganar de ella: la buena salud.

Si Dios de alguna manera está pinchando su matrimonio y su relación en este momento (si hay algo que verdaderamente lo irrita), ore y pídale que lo arregle o lo quite. Pero si no lo hace, usted debe aceptar que él tiene una medicina en la espina que traerá una salud mejor para usted y para su matrimonio.

El apóstol Pablo aprendió la lección de la espina. Lo sabemos por su respuesta. Si usted hace propia esa respuesta para su matrimonio, se sorprenderá de cuánta fortaleza puede darle Dios. Podrá manejar las

> *Dejan de verse el uno al otro como si fuera la espina misma y buscan el propósito de Dios en ella.*

cosas que solían hacerle perder los estribos. No volverán a escapársele esas cosas que solía decir y que eran irrespetuosas. La amargura, el enojo y la desconfianza que usted habitualmente albergaba serán reemplazadas con la paz y la confianza.

Pablo dijo:

Así que ahora me alegra jactarme de mis debilidades, para que el poder de Cristo pueda actuar a través de mí. Es por esto que me deleito en mis debilidades, y en los insultos, en privaciones, persecuciones y dificultades que sufro por Cristo. Pues, cuando soy débil, entonces soy fuerte. (2 Corintios 12:9-10)

Pablo no solo aceptó su espina; hacía alarde de ella. Alababa a Dios por sus debilidades, porque en ellas descubrió su verdadera fortaleza. Las quejas, el lloriqueo o decir «Esto no es justo», o «Soy una mujer demasiado buena para un esposo tan insensible» no es hacer alarde de su aguijón. Hacer alarde implica acercarse al trono de Dios para alabarlo por suplirle la gracia que necesita para crecer en ella. Es aprender el poder secreto del contentamiento y de la gratitud, sabiendo que Dios ha permitido la espina para su bien y para el bien de su relación.

Las ostras y las almejas se irritan a menudo. Cada vez que entra arena en su caparazón, se convierte en un agente irritante. El problema es que la ostra, como Pablo, no puede librarse de lo que la aguijonea. Pero lo que hace la ostra es secretar un líquido hacia la arena. Y, a medida que la ostra sigue secretando el líquido alrededor del agente irritante, ese grano de arena se convierte en una perla. Se transforma en algo valioso y costoso porque se le permitió permanecer para el propósito previsto.

> ❖❖❖❖❖
>
> *Cuando la gracia de Dios cubra esa espina, se convertirá en una bendición si usted deja de pelearse contra él.*
>
> ❖❖❖❖❖

La gracia de Dios es lo único que usted necesita para transformar las espinas de su matrimonio en perlas muy valiosas. Cuando la gracia de Dios cubra esa espina, se convertirá en una bendición si usted deja de pelearse contra él y se rinde a Dios, buscando su sabiduría y su fuerza.

8

✦✦✦✦✦✦

LOS RUEGOS

TODOS TENEMOS NEUMÁTICOS de repuesto en el auto, por si acaso. Llevamos el repuesto en el maletero para esa ocasión en que se desinfla o se pincha alguna rueda. La mayor parte del tiempo ni siquiera recordamos el neumático de repuesto hasta que pasa algo malo. Cuando efectivamente algo sale mal, rápidamente vamos al maletero y agarramos el repuesto para que nos ayude a salir de un mal momento.

Para demasiadas parejas actuales, la oración es como un neumático de repuesto: está guardada, por si acaso. Es muy fácil olvidarla hasta que uno siente que la necesita para salir de una situación adversa. Y aun entonces, cuando el matrimonio se desmorona, la oración es un componente que se subestima. Cada cónyuge está demasiado enojado con su pareja como para considerar orar por él o ella. O son como una mujer que me dijo que estaba decepcionada de mi consejería. Cuando le pregunté por qué, me dijo que era porque su marido estaba mejorando, y ahora ya no tenía excusa para divorciarse de él. Cuando el corazón se ha endurecido de tal manera, es que la oración perdió su valor mucho tiempo atrás.

Muchos matrimonios están anémicos porque la vida de oración está anémica. Muchas relaciones están vacías porque nuestra vida de oración está vacía. Muchos encuentros sexuales con nuestro cónyuge son de calidad inferior porque nuestra vida de oración es de calidad inferior. Muchos hogares están llenos de conflictos y de caos porque no hemos utilizado la única herramienta vital que podría establecer la paz: la oración.

Para algunos matrimonios, la oración se parece al himno nacional antes de un partido de fútbol. Da comienzo al partido, pero no tiene relación con lo que sucede en la cancha. Es una cortesía que se dice antes de las comidas, antes de irnos a dormir o tal vez antes de salir de viaje. Pero nada más. Y de esa manera, muchos recurren a la oración en momentos de cortesía o de crisis, pero casi nunca la usan de manera habitual para alcanzar lo que Dios tiene preparado para nuestra vida y nuestro matrimonio.

> *Muchos hogares están llenos de conflictos y de caos porque no hemos utilizado la única herramienta vital que podría establecer la paz: la oración.*

Quiero que analicemos juntos la oración a través de los ojos de Pablo. Elegí la perspectiva de Pablo sobre la oración por el lugar en el que se encontraba Pablo cuando escribió su carta a la iglesia de Filipos: la cárcel.

Yo sé que el matrimonio no es lo mismo que la cárcel, pero, habiendo aconsejado a más de mil parejas en el transcurso de muchos años, demasiadas veces he oído la analogía de la cárcel. Los cónyuges a veces se sienten atrapados en un sistema de concesiones mutuas que limita su libertad y reprime su voz. Sienten que mientras tienen que hacer cambios para complacer a su pareja, su pareja hace muy poco para complacerlos a ellos. No creo que sea siempre un sentimiento acertado, pero es un sentimiento común.

Entonces, Pablo estaba encarcelado, un contexto adecuado para ayudarnos a descubrir algo sobre el poder de la oración en el matrimonio. Por la carta de Pablo a los Filipenses nos enteramos de que no solo estaba preso; además era pobre, no sabía si seguiría vivo o si iba a ser ejecutado, tenía enemigos que operaban en su contra desde dentro de la cárcel y también tenía que ocuparse de conflictos ajenos fuera de la prisión. Si alguien merecía el derecho de saltarse la oración, ese era Pablo. Si alguien merecía rendirse y decir: «Miren, estoy en una situación desesperada. Oren ustedes por mí, porque yo estoy vacío», ese era Pablo. Y, sin embargo, Pablo nos enseñó una de las mayores verdades sobre la oración mientras estuvo en prisión, rodeado de tumultos, preocupación y conflicto.

Si Pablo no solo pudo practicar la oración en su situación, sino que además pudo animar a otras personas a que hicieran lo mismo, usted y yo no tenemos excusa para no aplicar los principios de la oración en nuestro matrimonio. Y para aquellos cuyo matrimonio ya es lo suficientemente aceptable (no está en crisis ni se sienten presos en él), los siguientes principios los ayudarán a usted y a su pareja a lograr un nivel aún más profundo de confianza, intimidad y propósito compartido. Son para todos nosotros, pero se usan muy poco.

No se preocupen por nada

Pablo comenzó su tratado sobre las súplicas a Dios con estas palabras: «No se preocupen por nada» (Filipenses 4:6). Aun si eso fuera lo único que aprendiéramos y aplicáramos a nuestro matrimonio, nos ahorraríamos mucha ansiedad. La ansiedad es una plaga que ataca a demasiados de nosotros en estos tiempos. Cada vez más las personas recurren a medicamentos ansiolíticos. La ansiedad y la preocupación revolotean sobre la base de una buena parte de los conflictos maritales. Ya sea la ansiedad por la economía, por la salud, por satisfacer las necesidades relacionales, por el futuro o, incluso, por si su pareja está siendo honesta y fiel, un buen número de cosas pueden producir sentimientos de ansiedad.

> *La ansiedad y la preocupación revolotean sobre la base de una buena parte de los conflictos maritales.*

Pero Pablo, estando prisionero y con la presión de su posible ejecución, nos dijo que no nos preocupáramos por nada. No dijo que no nos pongamos ansiosos por casi nada; ni siquiera que estemos preocupados por las grandes cosas pero no por las pequeñas. Pablo dijo claramente que no nos pongamos ansiosos por *nada*.

¿Qué tiene que ver esto con su vida de oración? Marca el tono, la actitud y el clima que usted debe tener no solo cuando comienza la oración, sino los que debe mantener consigo a lo largo del día. Al fin y al cabo, Pablo sí nos dice: «Nunca dejen de orar» (1 Tesalonicenses 5:17). Eso no quiere decir que ande por ahí recitando oraciones todo el día, sino que en todas las cosas que haga y diga, incluya al Señor y su perspectiva como corresponde.

Él no es un Dios que se divida en categorías: él es Rey, creador y soberano sobre todo. Por este motivo, su cosmovisión y su perspectiva deberían afectar todo lo que hacemos. Orar sin cesar acrecienta el morar continuo con Cristo, que se nos ha instruido que hagamos para que nuestra vida sea abundante y nuestras oraciones sean contestadas. Jesús habló sobre el acto y los beneficios de orar sin cesar cuando dijo: «Si ustedes permanecen en mí y mis palabras permanecen en ustedes, pueden pedir lo que quieran, ¡y les será concedido!» (Juan 15:7).

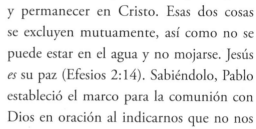

Si su vida de oración es débil, tendrá una vida con muchas preocupaciones.

Pero uno no puede estar preocupado y permanecer en Cristo. Esas dos cosas se excluyen mutuamente, así como no se puede estar en el agua y no mojarse. Jesús *es* su paz (Efesios 2:14). Sabiéndolo, Pablo estableció el marco para la comunión con Dios en oración al indicarnos que no nos pongamos ansiosos. Si su vida de oración es débil, tendrá una vida con muchas preocupaciones.

Ore por todo

Primero, Pablo dice que no nos preocupemos por nada, y luego dice: «Más bien, en toda ocasión, con oración y ruego, presenten sus peticiones a Dios y denle gracias» (Filipenses 4:6, NVI). En este versículo, Pablo usó cuatro palabras para la oración: oración, ruego, peticiones, gracias. La primera palabra, *oración*, tiene que ver con la comunicación con Dios en general. La segunda palabra, *ruego*, implica la actitud de súplica a Dios. El tercer concepto, *petición*, tiene que ver con ser muy específicos sobre lo que estamos pidiéndole que haga. Y la cuarta palabra, *gracias*, expresa nuestra gratitud a Dios.

Cuando usted siga la guía de Pablo para la oración, se sentirá menos propenso a preocuparse. No se preocupe por nada y ore por todo. Si de todo este libro usted aplicara solamente estos dos principios a su matrimonio, aun así vería mejoras drásticas. Esto es porque la oración acompañada de la fe (la falta de preocupación) es así de poderosa (Marcos 11:23). Si la fe puede mover una montaña, puede engrandecer su matrimonio.

Como mencioné antes, mi hija Priscilla recientemente protagonizó una película llamada *Cuarto de guerra*, en la que la oración es la trama del filme[1]. En esta película, Priscilla encarnó un personaje llamado Elizabeth Jordan, la esposa en un matrimonio fallido. La frustración y el enojo de Elizabeth habían contribuido al distanciamiento y a la desintegración de la relación con su esposo, Tony. Pero mientras estaba en esa lucha, Elizabeth conoció a una mujer que se dedicó a orientarla en la oración.

Esta anciana le habló sobre «batallar» en el «cuarto de guerra», su clóset. Le enseñó a Elizabeth a llevarle sus problemas y preocupaciones al Señor. Elizabeth escribió sus oraciones en pedazos de papel y las adhirió a las paredes del clóset, y pasó un tiempo habitual en ese lugar de oración, luchando por la intervención de Dios en lo que parecía ser otro matrimonio condenado al divorcio.

No le arruinaré la película si todavía no la ha visto, pero cuando me senté y la vi por primera vez (con Priscilla y el resto de mi familia), me sentí agradecido por ese mensaje que se mostraba en la pantalla. La oración realmente cambia las cosas, pero muy pocos la utilizamos como la poderosa herramienta que es. No le entregamos nuestras preocupaciones a Dios ni le damos gracias en nuestros momentos de oración. En lugar de ello, nos quejamos y nos regodeamos en autocompasión. Pero Pablo nos manda a dejar de lado nuestras preocupaciones e ir al Señor con un espíritu agradecido.

Se pregunta usted: ¿y qué hago si no tengo nada para agradecer? En ese caso, agradézcale a Dios por lo que él hará, porque nada es imposible con él (Lucas 1:37). Agradézcale porque le ha dado la oportunidad de orar. Agradézcale porque los unió a usted y a su cónyuge mucho tiempo atrás. Agradézcale por los planes que tiene para usted. Agradézcale porque lo motivó a orar. Agradézcale por su Palabra y por sus promesas. Simplemente dele las gracias, porque es en la gratitud que usted expresa su confianza en Dios y en sus caminos.

> ✦✦✦✦✦
>
> *A medida que usted deja de lado las preocupaciones, reemplazándolas por la gratitud, está ejercitando la fe.*
>
> ✦✦✦✦✦

A medida que usted deja de lado las preocupaciones, reemplazándolas por la gratitud, está ejercitando la fe. En esa fe, preséntele entonces sus ruegos a Dios. Sea tan específico como quiera ser. A veces es bueno ser específico, porque cuando Dios conteste esa oración, usted sabrá que él es el único que pudo haberlo hecho. Y eso hará crecer aún más su fe.

Si su esposo no ha sido tan comunicativo con usted como le gustaría, pida eso. Si él o ella se ha alejado, pídale a Dios que les devuelva la pasión que hubo alguna vez, e incluso que sea más ardiente. Si está casada con un desaliñado y eso la vuelve loca, pídale a Dios que se enfoque en eso. Puede que Dios cambie el problema, o puede que cambie en usted su manera de llevarse con ese problema. Pero, de una forma u otra, él contestará su oración si va acompañada de un corazón agradecido y confiado.

Ahora, Dios no siempre contesta nuestras oraciones de la manera que nos gustaría a nosotros. A veces, trata de enseñarnos algo por medio de la paciencia, pero nos da la capacidad de esperar o recibir una respuesta negativa cuando le hemos entregado en oración la cuestión que nos ocupa.

En el matrimonio, muchas veces reaccionamos a nuestro cónyuge por emoción en lugar de buscar a Dios y ver cómo deberíamos responder. ¿Cuántas veces le ha dicho o hecho algo a su pareja, de lo cual luego se arrepintió? El Señor podría haberlo impedido si usted se hubiera dirigido a él en oración buscando sabiduría para responder. Demasiadas personas quieren ser el Espíritu Santo para su pareja, en lugar de dar lugar a que obre el *verdadero* Espíritu Santo. Cuando vea que su cónyuge necesita crecer, preséntele esa necesidad al Señor y pida al Espíritu Santo que lo guíe, lo corrija y le enseñe. La mayoría de las veces, Dios le mostrará cosas en su propia vida que usted también puede mejorar, lo cual ayudará a la situación.

———— ✤✤✤✤✤ ————

Su matrimonio es un pacto espiritual y el objetivo de los ataques cotidianos de Satanás.

———— ✤✤✤✤✤ ————

Asegúrese de comenzar cada día con un tiempo de oración por su matrimonio. No precisa ser largo, pero tiene que ser auténtico. Dele gracias a Dios por su pareja y ore para que su voluntad sea manifestada en la vida de su pareja. Ore para que su pareja crezca espiritual y emocionalmente, e incluso que esté físicamente sana.

Pídale a Dios que rodee a su pareja de relaciones personales piadosas y que le revele claramente el propósito que tiene para la vida de él o ella. También pídale a Dios que le dé a su pareja el deseo de administrar bien los recursos de la familia, así como de dirigir, aprender y amarlo a usted. Pídale a Dios que ponga más pasión y espontaneidad en su vida sexual. Y pídale que ayude a su pareja a amar a Dios con todo su corazón, su mente y su alma.

Entonces, después de que haya orado por todas estas cosas y otras, dirija sus oraciones hacia usted mismo cada día, pidiéndole al Señor que haga lo mismo en usted. Pídale que le dé un espíritu dulce hacia su cónyuge. Pídale a Dios que ambos sean amigos y amantes, aventureros unidos y compañeros de oración el uno por el otro, y que le revele cualquier cosa de la relación en la que usted pueda mejorar. Pídale a Dios que les dé a los dos la sensibilidad de buscarlo a él antes de reaccionar al otro.

Tal vez usted me diga: «Pero, Tony, ¡eso es mucho para orar todos los días!». Bueno, no he terminado. Su matrimonio es un pacto espiritual y el objetivo de los ataques cotidianos de Satanás. ¿Le parecería exagerado que un grupo de soldados en el campo de batalla organizara sus defensas y ofensivas contra el enemigo todos los días? Tampoco es exagerado que usted impregne su matrimonio de oración todos los días.

Luego de orar por estas sugerencias y por cualquier otra cosa que quiera agregar habitualmente, asegúrese de cubrir a su matrimonio con la sangre de Jesucristo para que lo proteja de los dardos, las maquinaciones, las trampas, las tentaciones, etcétera, del enemigo. Pídale al Señor que coloque a sus ángeles alrededor de usted y de su pareja, para que hagan guardia contra todo lo que el diablo les envíe para destruirlos, y reprenda a Satanás en el nombre de Jesús por todo el daño que tenga pensado para ustedes.

Pero sus oraciones por su matrimonio no deberían terminar allí. Mantenga la relación en primer plano en sus pensamientos, y cuando empiece a sentirse frustrado por cualquier cosa con su cónyuge, vaya *primero* a Dios antes de reaccionar. Pídale su perspectiva sobre cómo debería responder usted y que él intervenga, si usted cree que su cónyuge está equivocado. Haga que la oración sea un hábito y la primera línea de la defensa y la ofensiva de su matrimonio, y preste atención a lo que hará Dios. Le sorprenderá con qué rapidez Dios puede sanar

Haga que la oración sea un hábito y la primera línea de la defensa y la ofensiva de su matrimonio, y preste atención a lo que hará Dios.

los corazones, revivir el amor y profundizar el respeto y el apego cuando usted funciona dentro del matrimonio según la jerarquía y la cobertura espiritual de Dios.

La paz de Dios

Es posible que cada una de sus oraciones no sea contestada exactamente como usted lo pidió, porque los caminos de Dios están muy por encima de los nuestros, y tenemos que confiar en que él sabe qué es lo mejor (Isaías 55:8-9). Pero en Filipenses 4:7, Pablo nos habla de algo con lo que podemos contar cuando oramos de esta manera: «Así experimentarán la paz de Dios, que supera todo lo que podemos entender. La paz de Dios cuidará su corazón y su mente mientras vivan en Cristo Jesús». Lograremos la paz. Conozco varios matrimonios que podrían beneficiarse con algo de paz, ¿a lo mejor el suyo también? La paz es la calma en medio de la tormenta. La paz no es la promesa de que no tendrá más problemas; es la promesa de que sus problemas ya no lo tendrán a usted. Las Escrituras enfatizan esta promesa en el libro de Isaías: «¡Tú guardarás en perfecta paz a todos los que confían en ti; a todos los que concentran en ti sus pensamientos!» (26:3).

Lo que solía molestarlo, perturbarlo, irritarlo y hacerlo reaccionar contra su cónyuge de una manera nada cariñosa ya no lo hará más, porque usted tendrá la paz que supera todo lo que podemos entender. ¿Cómo es posible vivir con un cónyuge desgraciado y aún estar lleno de gozo y de paz? Porque la paz de Dios está más allá de lo que podemos explicar. Esta paz se erige como un centinela (un soldado) para «guardar» su corazón y sus pensamientos. Cuando Pablo escribió esa palabra, usó un término militar. A veces, el matrimonio puede parecerse a una guerra, ¿no? Pero cuando usted consagre su matrimonio a la oración, de acuerdo con los principios enunciados por Pablo en su carta escrita desde la prisión, Dios mantendrá en calma el epicentro de sus emociones porque él mismo las *guardará* con su paz.

Toda ansiedad tiene relación con nuestros pensamientos. Todo enojo está relacionado con nuestros pensamientos. De hecho, todas nuestras emociones están relacionadas con nuestros pensamientos. Nos preocupamos porque pensamos equivocadamente. Por eso, Pablo apuntó a nuestros pensamientos después de dar su perspectiva sobre la oración:

Y ahora, amados hermanos, una cosa más para terminar. Concéntrense en todo lo que es verdadero, todo lo honorable, todo lo justo, todo lo puro, todo lo bello y todo lo admirable. Piensen en cosas excelentes y dignas de alabanza. No dejen de poner en práctica todo lo que aprendieron y recibieron de mí, todo lo que oyeron de mis labios y vieron que hice. Entonces el Dios de paz estará con ustedes. (Filipenses 4:8-9)

Usted no podrá cambiar su manera de sentir hasta que cambie su manera de pensar, porque lo que controla su manera de pensar determinará su manera de sentir. Si se siente preocupado por su matrimonio, es porque está teniendo pensamientos de preocupación sobre su matrimonio. Si se siente frustrado por su cónyuge, es porque está albergando pensamientos de frustración sobre su cónyuge. No está pensando en las circunstancias correctas. Pablo nos recuerda que tenemos que pensar en las cosas que son agradables, buenas, excelentes, puras y dignas de alabanza. Llene su mente de estos pensamientos sobre su matrimonio, y recibirá el beneficio a largo plazo que Dios promete en el versículo 9: «El Dios de paz estará con ustedes».

> *Usted no podrá cambiar su manera de sentir hasta que cambie su manera de pensar, porque lo que controla su manera de pensar determinará su manera de sentir.*

Observe la diferencia entre el versículo 7 y el 9. Cuando desarrolla una vida de oración auténtica y constante (según el versículo 7), usted recibe la paz de Dios. Pero cuando acompaña eso con pensamientos que generan actos correctos (según el versículo 9), recibe al Dios de paz. Pablo les dio vuelta porque no son lo mismo. Usted recibe la paz de Dios como un medio para cubrir sus emociones intensificadas o para estabilizar sus reacciones. Esto es bueno y es esencial, pero cuando usted recibe al «Dios de paz», recibe mucho más de ese beneficio adicional. Ha profundizado su relación y su intimidad con el Dios omnisciente, omnipotente, soberano, compasivo y amoroso. Sus atributos se hacen manifiestos alrededor de usted de tal manera que lo experimentará a él como nunca antes.

Un alto porcentaje de nuestras oraciones son lo que llamo oraciones de corto plazo. Se tratan de las soluciones a los problemas que podemos ver. Pero nosotros servimos a un Dios de largo plazo, quien sabe qué es lo mejor para nosotros a la larga. Dios mide qué hará por nosotros y cuándo lo hará basado en nuestro bienestar a largo plazo y alineándose a los planes que tiene para nuestro destino y nuestro crecimiento. Como dije antes, es posible que Dios no conteste cada una de sus oraciones como usted quiere que lo haga. De hecho, hasta es posible que le pida que espere. Y ya escucho su queja: «Pero, Tony, ya no puedo esperar más».

Tiene razón. No puede esperar si está frustrado, emocionalmente vacío, herido y viviendo sin dominio propio. Pero sí puede esperar si tiene paz. Si tiene la paz de Dios, puede aguantar hasta que Dios haga en su cónyuge y en usted la obra necesaria para que tengan una relación vibrante y sana.

Intensifique la oración

La oración es la comunión en la relación con Dios. Es el permiso terrenal para la intervención celestial, y es una herramienta poderosa en las manos de cualquier persona casada. Pero la Biblia enseña cierto parámetro para la oración en el matrimonio que puede hacerlo todo mucho más potente: combinar la oración con el ayuno sexual. Ayunar es renunciar a un antojo físico porque tiene una necesidad espiritual más profunda. Junto con la comida, y a veces aun mayor que el deseo por la comida, está el antojo de intimidad física que una persona tiene a menudo. Dios, siendo quien nos diseñó, lo sabe y no omite este tema en su Palabra. El principio está puesto explícitamente en 1 Corintios, donde Pablo escribió estas palabras:

> No se priven el uno al otro de tener relaciones sexuales, a menos que los dos estén de acuerdo en abstenerse de la intimidad sexual por un tiempo limitado para entregarse más de lleno a la oración. Después deberán volverse a juntar, a fin de que Satanás no pueda tentarlos por la falta de control propio. (7:5)

El contexto de este versículo es importante porque, en los primeros cuatro versículos de este capítulo, Pablo había estado hablando específicamente de la intimidad sexual. En esos versículos, Pablo dijo concretamente que ni el marido ni la esposa deben descuidar su «deber» de mantener relaciones sexuales con el otro. El sexo es un componente esencial del matrimonio que no solo da placer, sino que, además, libera bioquímicos complejos que, como la ciencia ha demostrado, unen a las dos personas, despertando deseos de protección y fidelidad, entre otras cosas. Nuestro Señor no diseñó el sexo para que fuera simplemente un pasatiempo. Cuando se consume dentro de los confines del pacto matrimonial, el sexo es el pegamento (desde el punto de vista bioquímico) que mantiene unida a la pareja.

> ❖❖❖❖❖
>
> *Nuestro Señor no diseñó el sexo para que fuera simplemente un pasatiempo.*
>
> ❖❖❖❖❖

Sin embargo, hay una ocasión en la que nuestro Señor nos indica que nos abstengamos de tener relaciones sexuales maritales, y ahí es cuando desistimos de la intimidad física para aumentar la intimidad espiritual con respecto a la oración. Por favor, fíjese en lo que Pablo escribió: tiene que hacer esto cuando, como pareja, «estén de acuerdo». En otras palabras, se requiere de dos para tomar esta decisión, ya que como marido o esposa cristianos, las relaciones sexuales ahora tienen que ver con darle placer a la otra persona, no solo a usted mismo (versículos 3-4).

El propósito de la oración y del ayuno sexual

El ayuno sexual busca profundizar la intimidad espiritual de la pareja, en la medida que los dos se presenten ante el Señor de mutuo acuerdo y en oración. Fue ideado para llegar a la raíz de cualquier problema que la pareja esté enfrentando, pero también puede usarse en la búsqueda de otro nivel espiritual o de algún avance que la pareja pueda llegar a desear. Digamos, por ejemplo, que a la esposa le han ofrecido un nuevo trabajo que le demandará una gran cantidad de horas fuera del hogar, pero que se ajusta completamente a sus dones, sus habilidades y a lo que la apasiona. No solo eso: el trabajo promueve el reino de Dios y parece haberle llegado a ella de acuerdo con los planes dispuestos por Dios. Aun así, aceptar ese trabajo seguramente afectará la dinámica cotidiana del hogar. La oración es una manera de buscar la guía de Dios y su confirmación acerca de esta decisión, pero la oración acompañada del ayuno sexual profundiza aún más la búsqueda. Genera un clima de urgencia que abre la puerta para la claridad y un acuerdo.

El ayuno sexual también ocurre cuando una pareja está en desacuerdo o en conflicto, y ambos miembros quieren superar los problemas que tienen, pero no ven la manera palpable de hacerlo. En esas ocasiones en que la pareja se ha distanciado, es posible que no haya intimidad sexual habitual. Pero al ponerse de acuerdo en cuanto a un tiempo de ayuno sexual con la intención de orar juntos, la pareja se acerca proactivamente a la sanación, en lugar de simplemente reaccionar al conflicto. Recuerde que, después de que haya pasado el tiempo establecido y acordado, la Biblia exhorta a la pareja que vuelva a unirse en la intimidad sexual.

Gran parte de lo que causa conflictos en el matrimonio no es más que un síntoma de un problema más profundo. Aunque usted piense que se trata de una diferencia de personalidades o valores, la esencia de la batalla proviene del jardín donde Satanás causó el trastorno al hacer que ambos miembros de la pareja dejaran sus respectivos roles y se rebelaran. Cuando las parejas no se ocupan de la raíz espiritual porque se enfocan simplemente en el fruto, se predisponen para una tormenta cíclica.

Gran parte de lo que causa conflictos en el matrimonio no es más que un síntoma de un problema más profundo.

El ayuno sexual con el propósito de profundizar su vida de oración como pareja existe para llegar a la inquietud espiritual que está produciendo la confrontación física. Está diseñado para abordar las causas ocultas en el ámbito espiritual que están manifestando el conflicto en el terreno físico. Todo lo físico tiene su raíz en algo espiritual. El problema actual de muchos matrimonios es que se enfocan completamente en los síntomas físicos de la cuestión, tratando de controlarse minuciosamente el uno al otro, en lugar de ocuparse del corazón y el meollo espiritual de lo que está causando el conflicto.

A lo largo de los años he tenido el honor de servir como capellán de los Dallas Cowboys durante diferentes temporadas. Algunos de los mejores momentos de aquellos años fueron durante la era de Tom Landry, cuando los Cowboys predominaron ampliamente en el fútbol profesional y llegaron varias veces al Supertazón. Ahora, ¿qué tiene que ver esto con el ayuno sexual? Espere, ya estoy llegando al punto. Quizás usted no sepa que toda la semana previa al Supertazón, los jugadores de ambos equipos (estén casados o no) tienen que abstenerse del sexo[2]. Básicamente, tienen que hacer un ayuno del sexo. ¿Por qué? Porque los entrenadores se han dado cuenta de que cuando los jugadores se dedican al sexo antes de un partido, eso puede mermar su energía y su concentración. Por esto y por otras razones, los jugadores no solo tienen un toque de queda, sino también una norma de no recibir visitas durante toda esa semana. Ha habido veces en que los entrenadores se escabulleron con linternas a las habitaciones de los jugadores, a cualquier hora de la noche, para asegurarse de que estuvieran cumpliendo con esas indicaciones.

Ahora, si los entrenadores de la NFL logran que sus jugadores se concentren mejor en el gran partido cuando se abstienen de tener relaciones sexuales, imagino que Dios logra una concentración mucho mejor de las parejas casadas en la oración cuando, de común acuerdo, se abstienen del sexo durante un tiempo. Cuando Dios decidió visitar a los israelitas en la intimidad de su presencia, les indicó a los hombres y las mujeres que se abstuvieran de tener relaciones sexuales. Él quería su más profunda devoción y atención (Éxodo 19:9-15). Cuando convocó a su pueblo a una asamblea solemne (un tiempo sagrado de renovación espiritual con él), instruyó a los novios y a las novias recién casados que salieran de su habitación, lo cual es otra manera de presionar el botón de pausa al sexo (Joel 2:16).

Si su matrimonio languidece en la confusión, la distancia o el conflicto, o si usted y su pareja están buscando la mano de Dios para pedirle su bendición, su favor, su guía o su manifestación en un área específica, el ayuno sexual le demuestra a Dios que ustedes quieren encontrarse con él en un nivel más profundo.

Cuando se consagran al sexo como pareja, descubren cómo sintonizarse físicamente el uno con el otro. Cuando se consagran al ayuno sexual de común acuerdo para el propósito de la oración, descubren cómo sintonizarse el uno con el otro aún más profundamente en lo espiritual. Como resultado, tener una experiencia superior con Dios producirá mayor crecimiento en su relación.

> *El ayuno sexual le demuestra a Dios que ustedes quieren encontrarse con él en un nivel más profundo.*

Primera de Pedro 3:7 nos recuerda una verdad muy aleccionadora: para que sus oraciones sean escuchadas y respondidas, hace falta algo más que simplemente decirlas. Leemos: «De la misma manera, ustedes maridos, tienen que honrar a sus esposas. Cada uno viva con su esposa y trátela con entendimiento. Ella podrá ser más débil, pero participa por igual del regalo de la nueva vida que Dios le ha dado. Trátenla como es debido, para que nada estorbe las oraciones de ustedes». Cuando hay desunión en su relación, se mantiene a Dios a la raya. Incluso en lo que respecta a sus oraciones.

Los principios que estamos examinando en este libro van de la mano. Vivir con su cónyuge en un espíritu de honra y unidad despejará el camino para una vida de oración más efectiva. La oración es un arma poderosa en el cuarto de guerra del matrimonio, pero es un arma que debe ser manejada sabiamente, con gracia, humildad, comprensión, honrando al otro y, cuando lo acuerden juntos, con ayuno sexual.

9

✦✦✦✦✦

LA RESTAURACIÓN

UNO DE LOS BASTIONES contra el que luchan muchos matrimonios es el tema del perdón. Llamo un bastión a no perdonar simplemente porque muchas parejas vienen a mí diciendo que es la única área de su matrimonio que no se sienten capaces de superar. Siempre que considere que una situación es irreversible, a pesar de que Dios diga lo contrario, usted está hablando de un bastión. No se puede usar una metodología humana para derrotar un bastión. Solamente las armas espirituales pueden vencer los bastiones espirituales.

Basado en el análisis que hicimos previamente sobre el ataque de Satanás en el jardín, sabemos que un ser espiritual, Satanás, comenzó el deterioro del primer matrimonio y de la primera familia (la de Adán y Eva). Un ángel caído convulsionó el primer hogar al causar fracturas espirituales que llevaron a fracturas relacionales. Recuerde, no fue la relación de Adán y Eva lo primero que se echó a perder, sino su relación con Dios, lo cual echó a perder el resto del ámbito humano.

Así como el ángel entrometido de las tinieblas fue la raíz del problema de la desintegración que sufrió el primer matrimonio, Satanás y su deseo de destruir el hogar es la misma raíz del problema de la desintegración de cada familia. El perdón es un elemento esencial de un matrimonio sano, porque cuando usted y yo vivimos sin perdonar a otra persona, Dios dice que él no vivirá en un estado de perdón relacional con nosotros (Mateo 6:15). Una vez que la relación espiritual con Dios se rompe o se daña por el pecado continuo, nosotros limitamos la presencia vivencial y el poder de Dios en nuestra vida y en nuestro matrimonio.

Hay varios medios por los que Satanás tiene la oportunidad de introducir un bastión en su hogar, uno de ellos es la ira no resuelta. En Efesios 4:26-27, leemos: «Enójense, pero no pequen; no se ponga el sol sobre su enojo ni den lugar al diablo» (RVA2015). Pablo comenzó aquí diciendo que está bien enojarse. De hecho, dijo explícitamente: «Enójense». Si su cónyuge ha pecado contra usted de alguna manera, o si usted ha pecado contra su cónyuge, tienen todo el derecho de estar enojados. Enojarse por el pecado es válido. Las Escrituras nos dicen que el Señor se enoja con los malvados todos los días (Salmo 7:11; Romanos 1:18). Si alguien ha hecho algo incorrecto contra usted, tiene derecho a estar enojado. Pero lo que no tiene derecho a hacer es dejar que su enojo siga irresuelto ni a pecar porque está enojado.

Acumular enojo prolongadamente en el matrimonio suele darle a Satanás un volante para que convierta un problema en un bastión. El enojo que no se resuelve y que se ha dejado acumular con el paso del tiempo le abre la puerta para que la guerra espiritual siembre el caos en su hogar.

Muchos de los problemas de pareja, si no la mayoría, se originan en el enojo irresuelto por algo del pasado o por un patrón continuo. El enojo que no se resuelve se convierte en una oportunidad para que Satanás perturbe su matrimonio.

❖❖❖❖❖

No deje a su cónyuge en el estado de no saber si encarará después el conflicto y el enojo que siente.

❖❖❖❖❖

Uno de los peores hábitos o patrones de conducta que puede adquirir en su matrimonio es reaccionar. En el conflicto, no reaccione. No deje que sus emociones respondan impulsivamente. Por ejemplo, si usted sabe que cualquier cosa por la que discutan o cualquier cosa que hagan acabará en conflicto, fije un momento específico a futuro en el que serán capaces de discutirlo racionalmente, sin el arrebato de la emoción. Si usted sabe que determinado campo o tema es especialmente sensible para su cónyuge, deje un espacio para permitir que esa susceptibilidad se calme antes de buscar la solución.

Sin embargo, no deje a su cónyuge en el estado de no saber si encarará después el conflicto y el enojo que siente. Quizás no puedan resolver la situación el mismo día, pero pueden establecer un momento en el que ambos sepan que pueden hablarle al otro sobre el tema de una manera emocionalmente sana.

Demasiadas parejas no solo dejan que el sol se ponga sobre su enojo, sino que también permiten que la luna se ponga sobre su cólera y, antes de que se den cuenta, ha pasado toda una década en su matrimonio. Algunas parejas incluso se llevan el enojo a la tumba. De hecho, el enojo sin resolver puede persistir más allá de la tumba. Se cuenta la historia de un hombre que estaba en el Supertazón con un asiento vacío al lado. Una persona que se sentó cerca le preguntó si alguien lo acompañaba en aquel partido.

El hombre respondió:

—Bueno, mi mujer solía venir a todos los partidos conmigo, pero se murió.

El otro hombre le preguntó si no tenía otros amigos que lo acompañaran, a lo cual el viudo contestó:

—No; están todos en su funeral.

Hay una gran cantidad de problemas con el enojo o con la falta de perdón que no se resuelven. Uno de ellos es que los que están alrededor de usted muchas veces tienen que pagar por el pecado de otro, ya sean sus compañeros de trabajo, sus hijos o, incluso, su cónyuge. Cuando vive con la falta de perdón, esa amargura y ese desprecio se filtran en otras relaciones, quizás a través de palabras duras, una falta de amor o una diversidad de otras cosas.

Imagínese que está en un restaurante, y el camarero le trae la cuenta por tres mil quinientos dólares: el total de las facturas de todos los que están comiendo en el lugar. ¿Lo pagaría? Desde luego que no, porque usted no debería pagar lo que los demás consumieron. De la misma manera, no es justo hacer que las personas que lo rodean paguen por lo que otro pudo haberle hecho a usted. A veces, un cónyuge le hace pagar al otro por lo que sus padres le hicieron. Otras veces, los padres hacen que sus hijos o sus amigos paguen por cómo los trata el cónyuge. La falta de perdón es una llaga que desparrama la infección por todo el cuerpo si no se le controla.

Todos sabemos qué pasa con una herida que no es atendida a tiempo: se infecta y las bacterias comienzan a multiplicarse. Si usted recibiera una cortadura en el brazo y no la limpiara ni se ocupara de ella, con el tiempo, esa herida empezaría a supurar pus. Se pondría roja alrededor de los bordes y se sentiría caliente al tacto. Llegaría un momento en el que no podría ni tocarla porque le dolería tanto. Pronto, las bacterias llegarían a su corriente sanguínea, y lo que comenzó como un corte sería entonces una infección grave por estafilococos que pondría en peligro su vida.

> *Cuando las heridas de nuestro corazón no se atienden, se pudren y producen un dolor residual en otras áreas de la vida.*

Pero, aun si tapara esa herida para que nadie pudiera ver el pus que supura y usted siguiera con su rutina normal, las personas que lo rodean indudablemente sentirían su reacción aunque solo lo rozaran suavemente al pasar junto a usted. Si alguien chocara contra su herida, ahora palpitante, usted, dolorido, retiraría bruscamente su brazo y hasta es posible que reaccionaría agrediendo verbalmente a esa persona. Su reacción no sería reflejo de lo que le hizo la persona, porque sería algo sin querer. Pero la persona recibiría toda la descarga de su dolor, simplemente porque usted no se atendió la herida para que se curara. De hecho, si usted siguiera dando vueltas por ahí con una herida supurante, estaría sumamente sensible y reaccionaría a cualquier cosa que tuviera contacto con ella.

La falta de perdón es como una herida sin atender en el alma. Se desborda con el calor de la amargura y pone en movimiento un ciclo en el que las pequeñas peleas maritales se convierten en grandes enfrentamientos (Mateo 18:23-34). Cuando las heridas de nuestro corazón no se atienden, se pudren y producen un dolor residual en otras áreas de la vida. Como consecuencia, nos volvemos sumamente sensibles y reaccionamos a los actos, las palabras y la inacción de nuestro cónyuge. El mínimo roce u ofensa de parte de nuestra pareja (aun si no tuvo la intención de hacernos daño de ninguna manera) provoca una dura reacción. Podemos agredir, acusar, echar la culpa, llorar o decir y hacer cosas de las que después nos arrepentimos. Al mismo tiempo, nuestro cónyuge es tomado por sorpresa por nuestras reacciones. Para vencer la falta de perdón, tenemos que atender nuestras heridas y dejar que sanen.

Liberar y reemplazar

Es mucho más fácil hablar de perdonar a alguien que hacerlo realmente. El perdón es una bella palabra cuando usted está del lado del receptor. Sin embargo, se convierte en una palabra desagradable cuando usted es quien tiene que darlo. Una de las mejores analogías que tengo para el perdón es compararlo con expulsar un disco compacto, un DVD o un disco de Blu-Ray de un reproductor. Los reproductores son máquinas fantásticas que nos dan la oportunidad de ver o escuchar algo una y otra vez. Pero una cosa es cierta: nunca podemos poner un disco nuevo hasta que hayamos retirado el primero; no podemos reproducir dos discos simultáneamente. Debemos eyectar el primer disco para poner el segundo.

Así es en el matrimonio; no puede gozar de una relación sana y floreciente con su cónyuge si sigue reproduciendo aquello que él o ella hizo que lo enojó a usted. Tiene que eyectar esa ofensa y reemplazarla con el amor. La única manera de hacerlo es liberar a su cónyuge de lo que hizo cuando lo lastimó. Tiene que entregarle la ofensa a Dios y reemplazar sus pensamientos de enojo, sufrimiento y dolor por pensamientos de gratitud, porque Dios le ha dado la fe y la capacidad de ser liberado del bastión de la falta de perdón.

El perdón bíblico es la decisión de no seguir atribuyéndole la ofensa a su cónyuge con objeto de tomar venganza. Significa que libera a su cónyuge de una deuda que le debe a usted, así como de la culpa que le corresponde. El perdón es, antes que nada, una decisión. No comienza con un sentimiento. No depende de cómo se sienta con respecto a su cónyuge, sino que es la decisión de no seguir echándole la culpa por una ofensa.

Primera de Corintios 13:5 lo detalla de una manera más sencilla: el amor bíblico no «lleva un registro de las ofensas recibidas». El amor bíblico no justifica lo que está mal ni lo ignora, excusa o hace como que no existe. Todos esos tipos de reacciones ante una ofensa posibilitan la continuación del mal. A cambio, el amor bíblico reconoce y encara lo que está mal, y luego lo perdona y lo suelta sin guardar un registro de ello. He participado en sesiones de consejería en las que algunas parejas plantean cosas que fueron dichas o hechas no años atrás, sino décadas atrás. Cuando escucho esto, y es algo que sucede demasiado a menudo, suspiro en mi interior porque sé que las raíces de la amargura y el rencor son muy profundas. También sé que esas parejas le han permitido a Satanás dirigir la orquesta, haciendo que el bastión sea aún más difícil de demoler.

Tal vez le sorprenda el consejo que doy cuando los bastiones están tan instalados. Lo he visto tener éxito en una innumerable cantidad de matrimonios y creo en su eficacia porque aborda el enojo irresuelto que suele alimentar nuestra falta de perdón. Muchas veces, lo que sucede con los matrimonios que están embrollados por el enojo no resuelto es que las discusiones se han vuelto tan tóxicas e inestables en su lenguaje y en su tono que no producen nada bueno, sino que profundizan aún más la brecha que divide el matrimonio.

> *Las discusiones se han vuelto tan tóxicas e inestables en su lenguaje y en su tono que no producen nada bueno, sino que profundizan aún más la brecha que divide el matrimonio.*

Entonces, esto es lo que le propongo si se da cuenta de que está metido en un matrimonio con enojo irresuelto:

1. *Cada día, diga algo y haga algo que le exprese a su cónyuge cuánto lo valora.* Podría ser una nota, una llamada telefónica inesperada, un abrazo no sexual o un rato de arrumacos. Las parejas casadas son buenas para hacer grandes cosas en las fechas especiales como los cumpleaños, los aniversarios o el Día de los Enamorados, pero lo que solemos descuidar es cultivar y mantener, a través de los pequeños gestos constantes, un reconocimiento de que nos valoramos el uno al otro.

2. *Oren diariamente por el otro y con el otro.* No me refiero al simple hecho de pedir una bendición antes de comer. Este es un tiempo específico en el cual se unen, tomados de la mano o abrazándose, arrodillados junto a la cama o en el clóset o sentados en el sillón (no importa cuál) y oran en voz alta por su matrimonio. No es un momento para debatir sus diferencias mencionándolas delante del Señor en oración, sino un tiempo para pedirle a Dios que bendiga a su cónyuge y que los bendiga a los dos juntos con su gracia y su misericordia.

3. *Salgan juntos regularmente.* Muchos matrimonios quedan atrapados en la monotonía o en la rutina, y la pareja pierde la diversión que tuvo alguna vez. Con «salir» quiero decir que elijan un lugar y algo divertido para hacer. Eso no significa ir a cenar a un restaurante porque ninguno de los dos tiene ganas de cocinar y porque de todos modos tenían que comer. Como mínimo, hagan algo divertido juntos una vez cada quince días, o más a menudo.

4. *Fijen un tiempo semanal de común acuerdo para sentarse juntos y permitir que se desahogue el cónyuge que tenga enojo irresuelto.* Esto quiere decir que el otro cónyuge acepta no discutir, defenderse ni desconectarse de la descarga del otro. Es como cuando tenemos el estómago descompuesto porque hay una bacteria en nuestro interior y nos sentimos mejor cuando podemos vomitar.

   Demasiados matrimonios nunca se dan la oportunidad de eliminar la bacteria hablando. No quiero decir que las parejas no se griten el uno al otro; lo hacen todo el tiempo. Pero este momento es un rato semanal preestablecido en el que un cónyuge puede desahogarse de su dolor sin el temor a ser reprimido. Apague el televisor y el teléfono celular. El otro cónyuge debe estar de acuerdo en prestarle toda su atención al que va a hacer su descarga. Si la crítica constante es un problema en su matrimonio, esto lo resolverá. Porque cuando aceptan escuchar, el que esté desahogándose también aceptará no plantear esos temas a lo largo de la semana, a menos que haya algo urgente.

He usado esta estrategia de cuatro pasos con innumerables parejas y, al poco tiempo, esa hora semanal se convierte en media hora; luego en quince minutos; y después no es necesaria en absoluto.

Gran parte de lo que guardamos en contra de nuestro marido o de nuestra esposa lo tenemos atragantado y se lo echamos en cara a nuestro cónyuge en críticas o en peleas porque no nos sentimos escuchados ni reconocidos. La sanación proviene de la comprensión y de la convalidación. Cuando usted le da a su cónyuge la libertad para que le cuente qué lo ha herido, y usted convalida ese dolor sin ponerse a la defensiva ni decirle a su cónyuge que está equivocado en lo que siente, se sorprenderá por lo pronto que llegarán la sanación y el perdón.

Cuando implemente en simultáneo estos cuatro pasos, verá y experimentará sanación en su matrimonio. Hacer estas cosas desde una conexión genuina en la relación le permite empezar a hacer más depósitos en su cónyuge que retiros. Demasiadas parejas quieren hacer más retiros de su relación que depósitos. Los hombres, en particular, tienen la costumbre de llegar a su casa cansados del trabajo, e indagar qué ha hecho su esposa por ellos (la comida, las cosas de la casa, los niños), aun cuando las mujeres también trabajan todo el día.

Nosotros, los hombres, muchas veces queremos saber qué ha hecho nuestra mujer para satisfacer nuestras necesidades cada día, en lugar de ver qué hicimos nosotros para satisfacer las de ella.

Nosotros, los hombres, muchas veces queremos saber qué ha hecho nuestra mujer para satisfacer nuestras necesidades cada día, en lugar de ver qué hicimos nosotros para satisfacer las de ella. Como consecuencia, nuestra esposa constantemente tiene que hacer retiros de su cuenta de amor y, de esa manera, la cuenta queda vacía.

Maridos, si eso los describe, después no se enojen si no hay nada en el banco en la noche. Ambos cónyuges necesitan hacer más depósitos que retiros en la relación. Cuando se levante en la mañana, y a lo largo del día mientras se dedica a sus cosas, pregúntese qué puede hacer usted para hacer depósitos en la vida de su cónyuge. No tiene que ser algo extraordinario, pero sí tiene que ser algo constante. La vida tiene su forma de imponer los retiros; vendrán los busque o no. Así que lo que tiene que hacer como cónyuge es buscar la manera de hacer depósitos.

De lo contrario, la cuenta de su cónyuge quedará en rojo y, cuando llegue el momento de otorgarle perdón, no tendrá la profundidad emocional ni la armonía relacional para concederlo fácilmente. El amor debe ser proactivo si ha de continuar en curso.

Se cuenta la historia de una pareja que peleaba tanto que ya estaban en camino a divorciarse. Un consejero les dijo que debían dedicarse a un pasatiempo mutuo para salvar su matrimonio. A ellos les pareció que valía la pena intentarlo, de manera que eligieron cazar patos. Algo que sabían que necesitaban era un perro bueno para cazar patos. Entonces, la pareja dedicó tiempo y dinero a conseguir el mejor perro de caza para patos que pudieran encontrar.

Finalmente llegó el día en que iban a salir juntos a cazar patos. Estuvieron parados junto a la orilla y cazaron todo el día. Para su gran desilusión, no atraparon ni un solo pato. Frustrado y agotado después del largo día, el esposo dijo:

—Debe ser que estamos haciendo algo mal. No hemos estado ni cerca de cazar un pato.

A lo cual su mujer le contestó:

—Bueno, tira más alto al perro. ¡No está lo suficientemente alto como para agarrar al pato!

Eso es lo que hacen muchísimas parejas. Intentan que un perro haga lo que tiene que hacer un arma, y encima se preguntan por qué no cazan ningún pato.

El motivo es que un perro no es el arma adecuada. El perro es secundario. Es agradable tenerlo cuando uno va a cazar patos, pero el perro solo no atrapará al pato. Se necesita un arma para bajar al pato, y luego el perro puede hacer su trabajo.

Lo diré de nuevo: en el fondo, nuestros problemas matrimoniales son un asunto espiritual, así que las soluciones para superarlos también deben ser espirituales. Pueden irse de vacaciones, y probablemente su matrimonio mejorará un poco. Puede comprar un anillo nuevo, y posiblemente su matrimonio mejorará un poco. Puede comprar una casa nueva, y posiblemente disfrutará algunos momentos de paz. Pero ninguna de esas cosas va a durar, porque ninguna se basa en el reino espiritual. Únicamente cuando encomiende su conflicto a la oración, a la comunicación positiva, a la humildad y al perdón, experimentará el poder para superar los bastiones que hay en su matrimonio.

> *En el fondo, nuestros problemas matrimoniales son un asunto espiritual, así que las soluciones para superarlos también deben ser espirituales.*

Pero ¿qué pasa si mi cónyuge no pide perdón?

¿Qué sucede en los casos que su cónyuge no está arrepentido; cómo lo perdona entonces? Lamentablemente, esto también es una realidad en los matrimonios. Es por ese motivo que quiero analizar brevemente la importancia del perdón unilateral en el matrimonio. El perdón unilateral es cuando uno decide perdonar a su cónyuge aunque él o ella no haya pedido perdón ni se haya arrepentido. Básicamente, usted perdona a su pareja por su propia cuenta, unilateralmente, sin que el otro participe.

> *La razón por la que usted perdona unilateralmente no es para liberar a su cónyuge para que pueda seguir adelante, sino para liberarse a usted mismo.*

¿Por qué le daría su perdón a alguien que no lo quiere, que no lo pidió y que, sin duda, no lo merece? La razón por la que usted perdona unilateralmente no es para liberar a *su cónyuge* para que pueda seguir adelante, sino para liberarse a *usted mismo*. Es para que usted pueda seguir adelante. El perdón unilateral le evita quedar atado a algo que la otra persona quizás nunca podrá corregir. Eso es lo que hizo Dios en la cruz, «no tomando más en cuenta el pecado de la gente» (2 Corintios 5:19). El perdón unilateral también le da a Dios la libertad para tratar directamente con su cónyuge la ofensa en cuestión.

Si ve algún deporte, sabe que cuando un jugador comete una falta contra otro, por ejemplo en el baloncesto, el árbitro cobra la falta. A raíz de eso, el jugador que recibió la falta puede lanzar la pelota desde la línea de tiro libre o tirar la pelota de nuevo al juego. Sin embargo, si el jugador que recibió la falta decide atacar al que la cometió, se les cobra la falta a ambos, y el jugador que recibió la falta originalmente también es penalizado. El perdón unilateral en el matrimonio libera a Dios para que obre en su cónyuge con el fin de corregirlo o llevarlo al arrepentimiento. Cuando usted se interpone con su falta de perdón, atrae la atención de Dios de vuelta a usted, y entonces él tiene que responder a su pecado también.

Cuando no está dispuesto a perdonar unilateralmente, es usted quien es tomado como rehén, no la otra persona. Usted no puede controlar lo que le pasó; solamente tiene el control sobre su propia respuesta a ese hecho, así que tiene que enfocarse en eso. Recuerdo una vez cuando tuve que perdonar unilateralmente. Fue algo menor en el gran plan de la vida, pero para mí fue un verdadero desafío. Se trató de un accidente con un conductor fugitivo; el otro conductor chocó contra mi auto, pero se fue sin dejarme ninguna documentación de su seguro. No pidió disculpas; ni siquiera se detuvo a ver si yo estaba bien o si necesitaba ayuda. Simplemente chocó contra mi auto y se fue.

Durante los días y las semanas siguientes, cada vez que miraba mi auto estropeado, me sentía frustrado, enojado y un montón de otras emociones impiedosas. No fue mi culpa que el otro conductor me chocara. Pero cuanto más tiempo tardaba en posponer el arreglo del auto porque pensaba que no había sido mi culpa y que no era mi responsabilidad pagar la reparación, más demoraba en sanar mi llaga. Tenía que reparar el daño por mi cuenta para tener la libertad de seguir adelante. Debía perdonar unilateralmente, o sería yo el rehén de lo que la otra persona había hecho. El perdón unilateral no solo libera a la otra persona; lo libera a usted.

El perdón es esencial para que cualquier matrimonio prospere. Pero si ese perdón es condicional, no expresa el amor de Dios. Jesucristo murió por nuestros pecados y le pidió al Padre que nos perdonara mientras él hacía lo mismo. Para darnos el don de la misericordia y la gracia, no esperó a que corrigiéramos nuestros actos, ni que fuéramos a él humildemente con flores o chocolates. El perdón probablemente sea el mayor regalo que usted pueda darle a su cónyuge, pero también es el mejor regalo que puede darse a usted mismo. El perdón deja fluir el favor de Dios hacia usted y, a través de usted, a su cónyuge.

❖❖❖❖❖

El perdón es esencial para que cualquier matrimonio prospere. Pero si ese perdón es condicional, no expresa el amor de Dios.

❖❖❖❖❖

10

❖❖❖❖❖❖

LOS RECURSOS

UNO DE LOS MAYORES COLABORADORES de la salud económica de un matrimonio es el contentamiento. De hecho, Pablo lo llamó un «secreto». La falta de contentamiento ha llevado al fracaso matrimonial en gran escala. Una buena parte de esto surge del deseo de vivir por encima del presupuesto disponible y así se acumulan las deudas, lo cual produce una tensión económica en la relación. Otro aspecto se origina en la dependencia de dos ingresos de los hogares. Sin negar el valor de la esposa y lo que ella pueda aportar a su lugar de trabajo, tenemos que recordar que hay un tiempo para todo. Hay épocas en las que tener dos ingresos no es un desafío para la composición y la dinámica del hogar. Pero hay otros momentos en los cuales el hecho de que trabajen los dos contribuye a la desintegración de la salud y la armonía familiar. Cuando las parejas casadas no se permiten la opción de vivir con un solo sueldo, o de combinar un salario con un trabajo de medio tiempo, se someten a la presión de cumplir con exigencias excesivas.

> ❖❖❖❖❖
>
> *La falta de contentamiento ha llevado al fracaso matrimonial en gran escala.*
>
> ❖❖❖❖❖

La doble presión de no ser menos que el vecino (comprando cosas que no necesitamos con dinero que no tenemos para impresionar a personas que no conocemos) y de dedicarnos a nuestra profesión a costa de nuestra relación nos mantiene en un estado de descontento y facilita el estrés y el conflicto marital.

Dentro o fuera del matrimonio, hoy en día encontrará muy pocas personas contentas. La publicidad y la mercadotecnia de nuestra cultura siempre nos ponen adelante otra zanahoria para obligarnos a ser más, a gastar más y a hacer más. Con la tecnología a nuestro alcance, tenemos mayores oportunidades de gastar, gastar y gastar dinero como nunca antes. Solo un clic, y eso que estamos viendo en la pantalla de nuestra computadora puede llegar a la puerta de la casa al día siguiente. Es difícil mantenernos contentos cuando continuamente nos dicen qué otra cosa necesitamos para ser felices, sanos o atractivos. Parece que no compramos lo suficiente para mantener felices a nuestros hijos, y Dios tampoco parece proveer lo suficiente para mantener felices a sus hijos.

Sin embargo, la falta de contentamiento no parece ser algo nuevo. Estoy seguro de que el contentamiento tampoco era fácil en los tiempos bíblicos. Estoy seguro de eso porque Pablo lo llamó un «secreto». Describiendo el arte de estar satisfechos, usó una palabra que literalmente significa que no muchas personas lo conocen. Esto es lo que Pablo dijo en su carta a la iglesia de Filipos:

> Sé vivir con casi nada o con todo lo necesario. He aprendido el
> secreto de vivir en cualquier situación, sea con el estómago lleno
> o vacío, con mucho o con poco. (Filipenses 4:12)

En muchos sentidos, las palabras de Pablo suenan como nuestros actuales votos matrimoniales: «En la riqueza, como en la pobreza; en la salud, como en la enfermedad». Cuando una pareja se casa, básicamente están prometiendo que se contentarán el uno con el otro, sea cual sea la situación que enfrenten.

Pero esa no es la realidad. Cuando llegan los problemas económicos, el contentamiento es lo primero que sale volando por la ventana de las expectativas insatisfechas. Como los termómetros, los matrimonios suben y bajan dependiendo de la temperatura de la cuenta bancaria. Pero no es eso a lo que se refería Pablo cuando dijo que conocía el secreto del contentamiento. Pablo estaba hablando del verdadero significado de «estar contenido». El contentamiento significa tener los recursos disponibles para tratar cualquier cosa que tengamos que manejar. En otras palabras, tenemos lo suficiente para lo que necesitemos en cualquier momento dado, ya sea que lo suficiente sea mucho o poco.

¿Cómo sabe cuándo está contento? Lo sabe cuando está relajado, independientemente de lo que esté sucediendo a su alrededor. Contentamiento quiere decir estar en reposo, agradecido por cualquier situación en la que se encuentre. Siempre se puede conocer el nivel de contentamiento de una persona al ver si se queja o si está agradecida. Si prevalecen las quejas, no hay contentamiento. Si la gratitud es la presencia dominante, hay contentamiento.

Tener más dinero no se traduce automáticamente en contentamiento. Una de las etapas más felices de muchos matrimonios fue cuando empezaron sin un centavo a su nombre, pero con la certeza de que su amor podía aceptar cualquier desafío del mundo. Dos décadas después,

> *Contentamiento quiere decir estar en reposo, agradecido por cualquier situación en la que se encuentre.*

el departamento se ha vuelto una casa, dos autos nuevos han reemplazado el auto usado y el viaje para visitar a los parientes ahora es un viaje a la playa. Esas mismas parejas ahora discuten y se pelean por dinero porque se ha afianzado la falta de contentamiento. Siempre hay una casa más grande por tener, un auto más nuevo por manejar, ropas más finas por comprar y mejores lugares adonde ir. Pareciera que cuanto más se exponen las personas a lo que pueden hacer, más quieren hacer, comprar o ser.

El secreto de Pablo podría salvar a muchos matrimonios, si lo aprendieran y lo aplicaran. La vida tiene sus altibajos. A veces, usted estará arriba en lo económico, y otras veces, las cosas estarán apretadas. La pareja que es un matrimonio del reino permite que el secreto de Pablo gobierne su corazón y sus pensamientos. Valoran lo que es más importante en la vida: su relación con Dios y con el otro.

Los principios de la mayordomía en el matrimonio

Muchas parejas a las que he aconsejado me han confesado que tienen cuentas bancarias separadas. La mujer guarda su dinero en una cuenta y el marido guarda el suyo en otra. Y, si bien eso puede servir para la distribución de los fondos, causa una confusión en cuanto a quién pertenecen. Al fin y al cabo, «La tierra es del Señor y todo lo que hay en ella» (Salmo 24:1). Aceptar esta realidad sobre los recursos no solamente puede aliviar gran parte del conflicto económico de la pareja, sino que también puede convertir lo que podría ser un aspecto difícil de la relación en un área llena de dicha.

Dado que los problemas económicos siguen siendo una de las causas más importantes de las discordias maritales en nuestro país hoy en día, y muchas veces son una de las mayores causas de divorcio, me gustaría que contemplemos cómo desarrollar la perspectiva del reino sobre nuestros recursos. Aprendamos qué significa realmente vivir como parejas fieles en la mayordomía de los recursos para el Señor.

En un discurso del año 1863, que fue un llamado a un día nacional de oración y ayuno, Abraham Lincoln dijo:

> Hemos sido los beneficiarios de las mejores recompensas del Cielo. Hemos sido preservados, todos estos años, en paz y prosperidad. Hemos crecido en población, riqueza y poder, como ninguna otra nación ha crecido jamás; pero nos hemos olvidado de Dios. Hemos olvidado la mano de gracia que nos mantuvo en paz, nos multiplicó, nos enriqueció y nos fortaleció; y hemos imaginado banalmente, en el engaño de nuestro corazón, que todas estas bendiciones fueron producto de alguna sabiduría y virtud superior propia de nosotros. Ebrios de un éxito ininterrumpido, ¡nos hemos vuelto demasiado autosuficientes como para sentir la necesidad de la gracia redentora y protectora, demasiado soberbios para orar al Dios que nos hizo![1]

Si esas palabras parecían válidas en la época de Abraham Lincoln, y sí lo parecían, cuánto más válidas son en la actualidad. Vivimos en una época de prosperidad sin precedentes. En lo individual y en lo familiar, hemos recibido mucho de parte de Dios. A pocos nos falta algún recurso necesario para la vida

❖❖❖❖❖

Vivimos en una época de prosperidad sin precedentes.

❖❖❖❖❖

y la libertad, y muchos somos privilegiados de tener las bendiciones económicas que nos brindan cosas como la libertad de escoger nuestros bienes, viajar y mucho más. A gran escala, Dios ha provisto para nuestras necesidades, y más, por medio de su gracia ilimitada.

No solo eso, sino que él sustenta el universo y nos da el regalo de la vida cada mañana. Nos rodea de amigos y familiares y nos promete la vida eterna a través de su Hijo. Pero a menudo nos olvidamos de sus regalos y creemos que la vida se trata de nosotros. Desperdiciamos la vida, los talentos y los tesoros que él nos ha dado invirtiéndolos en nuestros propios objetivos egoístas y reclamándolos para nuestro beneficio personal. Nos olvidamos que los recursos que el Señor nos ha confiado como pareja son recursos del reino que le pertenecen a él y que deben ser utilizados para promover el programa de su reino en la tierra.

¿Qué sucedería si nosotros, como pareja, viviéramos como si verdaderamente reconociéramos que Dios es el dueño de todas las cosas (Salmo 24:1) y si nuestro trabajo fuera simplemente administrar e invertir los recursos de Dios para sus propósitos? ¿Cómo cambiaría eso nuestra forma de pensar sobre nuestras cuentas, lo que compramos, dónde comemos y qué hacemos? ¿Usaríamos nuestro tiempo de otra manera? ¿Cuánta alegría y libertad sentiríamos si recordáramos que nuestro legado en la vida y nuestra recompensa en la eternidad no dependen de las cuentas bancarias, sino de las vidas que Dios toca a través de nosotros?

El primer principio de cualquier negocio es entender quién es el dueño de los activos.

En la parábola que está en Lucas 19:11-27, Jesús era el noble que dejó su tierra para recibir su reino. En los versículos 12-13, leemos: «Les dijo: "Había un hombre de la nobleza, que se fue lejos, a otro país, para ser nombrado rey y regresar. Antes de salir, llamó a diez de sus empleados, entregó a cada uno de ellos una gran cantidad de dinero y les dijo: 'Hagan negocio con este dinero hasta que yo vuelva'"» (DHH).

La parábola continúa analizando qué hizo cada persona con el dinero y cómo reaccionó el noble con cada uno. Trasladándolo a Cristo en la era presente, sabemos que después de que Jesús murió en la cruz y resucitó de entre los muertos, ascendió al cielo, donde espera hasta el tiempo previsto para regresar e instaurar su reino en la tierra. Mientras tanto, nos ha encomendado que administremos algunos de sus recursos hasta que él regrese. Nosotros tenemos que «hacer negocios» por él mientras él está de viaje.

El primer principio de cualquier negocio es entender quién es el dueño de los activos. En el Salmo 50:10-12, Dios nos recuerda que «todos los animales del bosque son míos, y soy el dueño del ganado de mil colinas. Conozco a cada pájaro de las montañas, y todos los animales del campo me pertenecen. Si tuviera hambre, no te lo diría a ti, porque mío es el mundo entero y todo lo que hay en él». En otras palabras, Dios es el dueño de todo. Dios, como creador, es el dueño de toda la creación, incluyendo cada posesión material que usted tenga, cada dólar que guarda en su cuenta bancaria y cada cosa que llegue a comprar. Él nos ha designado a los seres humanos para ser administradores o directores de sus recursos. No son mis recursos; tampoco son los recursos de usted. Por lo tanto, no pueden ser simplemente los recursos del marido o los recursos de la esposa. Dios es el dueño de todos. Cuando verdaderamente reconozcamos esta realidad, podremos aflojar el control de todas las «cosas» de nuestra vida y aumentar nuestra generosidad hacia Dios y los demás. Podemos atenuar la posesividad y los sentimientos de privilegio que hay en nuestro matrimonio. Eso cambia nuestra forma de pensar de una mentalidad «yo contra ti» a una mentalidad de «nosotros bajo Dios».

Apocalipsis 4:11 arroja una luz reveladora sobre la mayordomía: «Tú eres digno, oh Señor nuestro Dios, de recibir gloria y honor y poder. Pues tú creaste todas las cosas, y existen porque tú las creaste según tu voluntad». Todas las cosas existen por la voluntad de Dios, ya sean nuestro tiempo, nuestros talentos o nuestros tesoros. Nosotros existimos para él. Así que, cuando siente que usted y su cónyuge están en un tira y afloja por cómo gastan sus recursos, están ignorando el verdadero tira y afloja que debería haber entre ustedes y el Señor. Él es el dueño de todo lo que usted tiene y reclama, de manera que la perspectiva de Dios sobre cómo usarlo sería la perspectiva más sensata para adquirir y aplicar en su matrimonio. Al fin y al cabo, cuando usted y yo ya no estemos, ¿qué pasará con todas las cosas que tanto nos esforzamos por acumular? Job dijo: «Desnudo salí del vientre de mi madre, y desnudo entraré cuando me vaya. El Señor me dio lo que tenía y el Señor me lo ha quitado. ¡Alabado sea el nombre del Señor!» (Job 1:21).

En el libro de Santiago se nos recuerda que, aunque dediquemos gran parte de nuestro tiempo a hacer planes, a producir el crecimiento y a simplemente trabajar, Dios tiene la última palabra sobre todo lo que hacemos:

Presten atención, ustedes que dicen: «Hoy o mañana iremos a tal
o cual ciudad y nos quedaremos un año. Haremos negocios allí
y ganaremos dinero». ¿Cómo saben qué será de su vida el día de
mañana? La vida de ustedes es como la neblina del amanecer: aparece
un rato y luego se esfuma. Lo que deberían decir es: «Si el Señor
quiere, viviremos y haremos esto o aquello». (4:13-15)

¿Usted controla su propio destino? ¿Controla sus propios ingresos?
Responder correctamente a esas preguntas los hará mejores mayordomos de
todo lo que Dios les dio como pareja. La
prosperidad llega solamente por su gracia,
porque la vida misma es un regalo. Por
eso tenemos que honrar a Dios con lo que
hemos recibido.

> *El orgullo hizo que Satanás reclamara el poder y la propiedad de Dios.*

En Isaías 14 tenemos un lúgubre recordatorio de lo que puede suceder cuando
decidimos no honrar a Dios con lo que
nos ha dado y, en cambio, buscamos la provisión de una propiedad compar-
tida. Dios es el creador y el sustentador de todas las cosas. Cuando Satanás
intentó hacerse como Dios, el Señor lo humilló, lo expulsó del cielo y lo
condenó al castigo eterno. El orgullo hizo que Satanás reclamara el poder y
la propiedad de Dios. El orgullo también motiva nuestro deseo de demandar
ser los dueños de los dones que Dios nos ha dado, en lugar de actuar como
mayordomos fieles, responsables y generosos.

La responsabilidad de la mayordomía

Dios nos ha dado generosamente todo lo necesario para vivir. Nos ha bendecido con recursos, tiempo, talentos y habilidades, y espera que cuidemos bien
de sus dones. El Señor espera que sus mayordomos fieles inviertan sus dones
en los propósitos eternos del reino. En la parábola de los mayordomos que
encontramos en Lucas 19, Jesús contó de un noble que le dio a cada uno de sus
siervos una cantidad diferente de dinero y les mandó que hicieran «negocio»
mientras él se ausentaba (versículo 13, DHH). Si nosotros tenemos que hacer
«negocio» con los recursos de Dios de una manera que le agrade y promueva su

reino, debemos usar de maneras prácticas el tiempo, los talentos y los tesoros que él nos ha dado para su gloria.

En Mateo 25, Jesús habló de una parábola muy similar a la de Lucas 19, pero con un énfasis distinto. Un hombre que salió de viaje les entregó a sus tres siervos un número diferente de talentos, o dinero (versículos 14-30). El asunto es que el hombre le entregó una cantidad distinta de dinero a cada siervo, *«en proporción a las capacidades de cada uno»*, para que invirtieran y multiplicaran los talentos. Aunque Dios nos da abundantemente de sus recursos y espera que todos administremos y multipliquemos los dones que nos ha dado, no nos da a todos la misma cantidad de dinero, energía o capacidades. Pero, de la misma manera que el hombre que se fue de viaje juzgó la mayordomía de sus siervos cuando regresó, Jesús nos hará responsables de nuestra mayordomía cuando él vuelva.

La evaluación de la mayordomía

Ahora que hemos analizado la mayordomía bíblica, veamos cómo determinará Dios si realmente hemos administrado bien sus recursos. ¿Cómo evaluará Dios el negocio que hemos dirigido con sus recursos?

En 1 Corintios 3:10-15, Pablo comparó la mayordomía con la construcción de un edificio. Un constructor sensato se encarga de poner cimientos firmes y edificar con materiales probados. Asimismo, un mayordomo fiel utiliza el tiempo, los talentos y los tesoros que Dios le ha dado para invertirlos en la eternidad y almacenar verdaderos tesoros de oro en el cielo, en lugar de gastar los recursos que Dios le dio para vivir de una manera extravagante en la tierra. Todo lo que construyamos en la tierra se quemará, pero los tesoros celestiales en los que invirtamos soportarán la prueba del fuego descrita en este pasaje de las Escrituras.

Usted debería administrar los recursos que Dios le ha dado con gratitud por la generosa gracia y provisión de Dios, y en reverencia, creyendo que él es santo y que lo hará rendir cuentas por cómo haya administrado los dones de él.

¿Le ofrece usted al Señor y a su reino su mejor esfuerzo cuando se trata de usar los recursos de él para los propósitos eternos? ¿O usa su energía para llegar a fin de mes o mejorar su estándar de vida?

¿Qué debería motivar su mayordomía? Usted debería administrar los recursos que Dios le ha dado con gratitud por la generosa gracia y provisión de Dios, y en reverencia, creyendo que él es santo y que lo hará rendir cuentas por cómo haya administrado los dones de él. Hebreos 12:28 nos dice: «Ya que estamos recibiendo un reino inconmovible, seamos agradecidos y agrademos a Dios adorándolo con santo temor y reverencia». La gratitud debe servir como la motivación para administrar lo que Dios le ha dado de una manera que a él le agrade.

Las recompensas de la mayordomía

Dios no solo nos da generosamente de sus recursos, sino que además nos recompensa cuando los manejamos bien. Sin embargo, también nos hará responsables si somos perezosos. Volvamos a la parábola mencionada antes en este capítulo y revisemos cómo reacciona Dios ante los mayordomos buenos y malos, concentrándonos en el mayordomo fiel (Lucas 19:16-17).

Cuando el amo regresó de su viaje, llamó a los tres siervos y les pidió que trajeran el dinero que habían ganado. El primer mayordomo, que había recibido una mina, ganó diez más. A cambio, el amo recompensó al buen siervo, reconoció públicamente su logro y le entregó diez ciudades para gobernar. De la misma manera, cuando Jesús regrese y juzgue cómo hemos dirigido sus recursos, recompensará y reconocerá públicamente a los mayordomos buenos y nos dará la medida adecuada de autoridad en su reino.

En los versículos 18-19 leemos que cuando el segundo mayordomo se presentó ante su amo con cinco minas más, el amo le dio autoridad sobre cinco ciudades. Sin embargo, el segundo siervo no recibió el reconocimiento público (el «¡Bien hecho!») que recibió el primer siervo.

Finalmente, en los versículos 20-24, cuando el tercer mayordomo llevó de regreso la única mina que le había dado el amo, sin haber ganado nada, el amo lo juzgó duramente. El siervo inútil fue perezoso, miedoso y egoísta. Tuvo miedo de que, si perdía la única mina del amo, él lo castigaría.

Además, el mayordomo inútil se preocupó solo por sí mismo y por sus propios intereses. Probablemente gastó el tiempo invirtiendo sus propios recursos para sus propias ganancias y le importaron poco los intereses de su amo. Como consecuencia, el amo castigó severamente al siervo inútil, quitándole la única mina que le había dado y entregándosela al siervo fiel que ya tenía diez minas.

Entonces, ¿cómo debemos nosotros, como siervos fieles y responsables, responder ante el Señor con lo que él nos ha encomendado como parejas casadas? Primero, tenemos que recordar y vivir según las palabras de Hebreos 12:28-29:

> Ya que estamos recibiendo un reino inconmovible, seamos agradecidos y agrademos a Dios adorándolo con santo temor y reverencia, porque nuestro Dios es un fuego que todo lo consume.

Segundo, debemos orar para que el Espíritu Santo nos ayude a mantener una actitud de gratitud y expectación por el regreso del Señor. También debemos orar por, y buscar activamente, las oportunidades para usar el tiempo, los talentos y los tesoros que Dios nos ha dado para su reino.

Debemos orar para que el Espíritu Santo nos ayude a mantener una actitud de gratitud y expectación por el regreso del Señor.

Tercero, dediquémonos a memorizar y a meditar en 1 Corintios 15:58: «Permanezcan fuertes y constantes. Trabajen siempre para el Señor con entusiasmo, porque ustedes saben que nada de lo que hacen para el Señor es inútil».

Un día, cuando la muerte nos llegue, finalizará nuestro tiempo de invertir en el reino de Dios. Así que, usemos el presente para aprovechar al máximo los generosos recursos que Dios nos ha prestado para expandir su reino y dar a conocer su gloria a tantas personas como nos sea posible.

Den. Ahorren. Gasten.

¿Usted o su cónyuge son como los siete enanitos que comenzaban cada día cantando: «Yo debo, yo debo, por eso a trabajar me voy»? No es un secreto que muchos matrimonios se están ahogando en un mar de deudas. Las deudas se han convertido en una manera de vivir. Es la última adicción. En lugar de vivir para el futuro, terminamos pagando por el pasado. El voto matrimonial común incluye la promesa de amar y cuidar «hasta que la muerte nos separe». Sin embargo, ahora estamos descubriendo que, a pesar de nuestros logros en el éxito material, muchas parejas solamente llegan hasta que «las deudas nos separen».

El mal manejo flagrante, la malversación o no priorizar los fondos familiares ha llevado a la ruptura de relaciones de varias formas. Las Escrituras nos dicen que no es bueno para nosotros como creyentes vivir endeudados. Proverbios 22:7 dice: «El que pide prestado es sirviente del que presta». De hecho, en el libro de Lucas, Dios nos dice que si los hombres y las mujeres no son capaces de manejar apropiadamente el dinero que Dios les da, también quedarán excluidos de las otras bendiciones de Dios (16:10-11).

Las deudas no tienen que ver solamente con dinero. No quiero que pase por alto ese punto, porque la mayoría creemos que las deudas solamente *tienen que ver* con el dinero. Más bien, las deudas tienen que ver con su conexión espiritual con Dios. Con el fin de que usted y su cónyuge aprovechen al máximo todo lo que Dios creó para que ustedes vivan su propósito en común como pareja del reino, tienen que encontrar cómo manejar sus recursos. Con eso en mente, permítame finalizar este capítulo sobre los recursos con estas tres simples palabras: den, ahorren, gasten. Este consejo se lo doy a todas las parejas que aconsejo en el aspecto económico. También le servirá a usted si lo pone en práctica hoy.

Primero, *den*. Proverbios 3:9-10 dice: «Honra al Señor con tus riquezas y con lo mejor de todo lo que produces. Entonces él llenará tus graneros». Mire, yo sé que usted está preguntándose cómo puede darle a Dios cuando ni siquiera puede pagar todas sus cuentas, pero Dios dice que si usted le da a él (si lo honra), él se ocupará de que tenga lo suficiente para lo que necesita.

> *Con el fin de que usted y su cónyuge aprovechen al máximo todo lo que Dios creó para que ustedes vivan su propósito en común como pareja del reino, tienen que encontrar cómo manejar sus recursos.*

Recuerdo cuando estaba en el seminario, y Lois y yo teníamos hijos pequeños. Teníamos que encargarnos de la familia con solamente novecientos dólares por mes. Aunque la suma era pequeña, siempre le dimos noventa dólares a Dios en primer lugar, como una manera de decir que confiábamos en él como nuestra fuente de ingresos. No solo estábamos dando el diezmo; le estábamos devolviendo la propiedad, reconociendo a quién le pertenecían los novecientos dólares para empezar. A pesar de que las cosas estaban apretadas, Dios fue nuestro fiel proveedor en todo momento.

A continuación, *ahorren*. Una parte de cada dólar que gane debería guardarlo como ahorro. Egipto no solo pudo sobrevivir al hambre durante siete años en los tiempos de José, sino que además pudo darle comida a la gente de otros países (Génesis 41:41-57). Esto sucedió porque José les indicó a los egipcios que reservaran (ahorraran) una parte de cada cosecha durante los siete años que precedieron a la sequía. A veces, la vida se las arregla para sorprenderlo con gastos inesperados. Cuando adquiera la costumbre de ahorrar una parte de su dinero, estará preparado para lo que le espera.

Vivan la vida de acuerdo con estas tres palabras: den, ahorren y gasten, y disfruten la libertad de no tener deudas.

Finalmente, *gasten*. Pero gasten con sensatez. Planifiquen sus gastos. Planeen, acuerden y aténganse a un presupuesto familiar. Diviértanse y disfruten de la vida, pero también sepan cómo hacerlo sabiamente. Dios nos dice en Proverbios 21:5: «Los planes bien pensados y el arduo trabajo llevan a la prosperidad, pero los atajos tomados a la carrera conducen a la pobreza». Gastar dinero o disfrutar de las bendiciones de la vida no tiene nada de malo. Solo debemos hacerlo con sabiduría y control.

Les sugiero que vivan la vida de acuerdo con estas tres palabras: den, ahorren y gasten, y disfruten la libertad de no tener deudas. Cuando lo hagan, podrán dejar de permitir que el dinero sea el jefe que les dice qué tienen que hacer con su tiempo. En vez de eso, a medida que obedezcan los principios de Dios, verán que él restaurará la situación económica de su hogar.

11

❖❖❖❖❖❖

EL ROMANCE

QUIERO QUE RECUERDE LA PRIMERA vez que besó a su cónyuge. No debería costarle. La mayoría recordamos aquel momento de expectativa, la acumulación de hormonas y emociones, y el punto culminante de la unión. De hecho, los científicos han investigado los efectos de besarse, junto con la transmisión de información sensorial que se produce, y han concluido que besarse es una de las cosas más profundas que una persona puede hacer. El impacto de un beso, cuando todas las cosas se alinean bien, puede dejar en nuestro cerebro una huella sensorial aún más poderosa que algo tan importante como la primera vez que una persona tuvo relaciones sexuales.

«Ya sea que resulte mágico o un desastre», dice Sheryl Kirshenbaum, autora de *The Science of Kissing* (La ciencia de besar): «hay una cosa muy probable acerca del primer beso: es inolvidable»[1].

Kirshenbaum continúa diciendo:

El psicólogo John Bohannon, de la Universidad Butler, y su equipo de investigación encuestaron a 500 personas para comparar sus recuerdos de una diversidad de experiencias importantes de la vida, tales como el primer beso y la pérdida de la virginidad, para descubrir cuáles les causaron la mayor impresión. *El primer beso superó a todo el resto*: fue el recuerdo más vívido en la mente de todas las personas encuestadas. De hecho, cuando se les preguntó acerca de los detalles específicos, Bohannon informó que la mayoría de las personas podía recordar hasta un 90 por ciento de los detalles del momento (dónde estaban, quién lo inició), sin importar cuánto tiempo hubiera pasado[2].

Hay una razón biológica para esto que Dios, en su infinita sabiduría, creó dentro de nosotros. A lo largo de los siglos, solo hemos tenido la capacidad de experimentar el amor romántico, más que de estudiarlo. Los antropólogos han descubierto pruebas de la existencia de amor romántico en 170 sociedades diferentes, y todavía no han encontrado ninguna sociedad en la cual no estuviera presente[3]. El romance nos ha acompañado desde tiempos inmemoriales, e incluso aparece como el mayor enfoque en un libro entero de la Biblia, el Cantar de los Cantares.

❖❖❖❖❖

El romance es un aspecto muy poderoso de nuestro ser.

❖❖❖❖❖

El romance es un aspecto muy poderoso de nuestro ser porque Dios nos hizo de tal manera que nos apegamos a nuestro compañero romántico no solamente con base en los pensamientos, las interacciones y las conversaciones que compartimos con el otro, sino en nuestras sensaciones. Pero, según lo que ha demostrado la investigación científica, las partes de nuestro cerebro que se excitan a través del romance no necesariamente son las mismas que se excitan con el sexo. El romance que suscita los sentimientos de amor suele involucrar una compleja transferencia de señales biológicas, que incluyen el olfato, el tacto y el gusto. Es por ese motivo que besarse es fundamental para el apego duradero. Cuando nos besamos, Dios ha diseñado que los vasos sanguíneos se dilaten, lo cual aporta más oxígeno a nuestro cerebro.

Los científicos también han observado que nuestras pupilas se dilatan cuando nos besamos. Un beso con la boca abierta posibilita que aproximadamente las diez mil papilas gustativas de nuestra lengua transmitan información adicional al cerebro, el cual entonces responde produciendo ciertas hormonas diseñadas para fortalecer el apego entre dos personas[4].

Sheryl Kirshenbaum escribe que:

Besarse potencia la «hormona del amor», la oxitocina, que funciona para mantener una conexión especial entre dos personas; besarse puede conservar vivo el amor cuando una relación ha sobrevivido durante décadas, mucho después de que la novedad ha menguado. En otras palabras, besarse influye en el uso de hormonas y neurotransmisores más allá de nuestro control consciente, y esas señales juegan un papel sumamente importante en cómo nos sentimos en cuanto a la otra persona.

Por el contrario, un mal beso puede producir un caos químico. Un entorno incómodo o un mal apareamiento pueden estimular la «hormona del estrés», el cortisol, que desanima a ambas partes de continuar[5].

La mayoría de las parejas casadas pueden dar fe de que se pueden tener relaciones sexuales sin romanticismo, pero es raro que haya romanticismo sin sexo. Desde luego, hay ocasiones en las que un cónyuge quizás no pueda tener relaciones sexuales debido a la edad o a una enfermedad, pero si hay romanticismo y los dos tienen la capacidad de hacerlo, el sexo es la culminación natural del cariño romántico compartido.

Parte de ello se debe a que, cuando los lazos románticos son estimulados en nuestro cuerpo y en nuestro cerebro, el cuerpo reacciona produciendo químicos que crean el deseo de tener conexiones y vínculos más profundos, mucho más que a través del sexo. Eso explica por qué son ineficaces los consejeros que animan a las parejas en desacuerdo a que tengan más actividad sexual. No se están enfocando en los componentes centrales del amor. Luego de cuarenta años de aconsejar a cientos y cientos de parejas en desacuerdo, he escuchado que en la mayoría de los casos es posible tener relaciones sexuales sin estar enamorados. El sexo no genera amor; fue concebido como la culminación del amor.

El sexo sin una base de romanticismo no restaurará una relación.

Por lo tanto, las parejas que están luchando en su relación necesitan enfocarse en reavivar tanto su vínculo como su romanticismo (ya sea que necesiten hacerlo con palabras dulces, con hechos, escuchándose o mediante los besos íntimos y el contacto físico no sexual), antes de buscar recuperar la química sexual que quizás compartieron alguna vez.

El sexo sin una base de romanticismo no restaurará una relación. Todos sabemos que la intimidad sexual implica mucho más que dos cuerpos disfrutando del contacto físico mutuo e intercambiando una experiencia placentera. Si eso fuera lo único necesario para que se produjera un vínculo íntimo entre dos personas, las prostitutas tendrían las relaciones más íntimas del mundo en lo emocional, lo físico y lo espiritual.

Yada, yada, yada

Nunca olvidaré una experiencia que tuve hace algunos años. Había estado preparándome para predicar una serie de sermones acerca de conocer íntimamente a Dios, cuando me encontré con uno de los principios más reveladores que había conocido sobre la sexualidad. Estaba bajo el concepto de qué significa «conocer» a Dios. Pero, a medida que profundizaba en el idioma hebreo, descubrí que la Biblia había expresado esta verdad de la intimidad espiritual con Dios en el contexto de algo que a todos nosotros nos interesa profundamente: la intimidad del uno con el otro; en particular, con nuestro cónyuge.

Hace muchos años aprendí en el seminario que siempre que uno aborda el estudio de las Escrituras y, particularmente, cuando busca descubrir el significado de una frase, una palabra o un principio específico, es mejor usar la ley hermenéutica de la primera mención. El concepto del origen es una herramienta importante en la Biblia. Según esta práctica de estudio, el significado original ligado a una palabra o a un principio debe mantenerse continuo a lo largo de los usos futuros de la misma palabra o principio, a menos que el texto bíblico en sí le indique que cambia más adelante. Con esto en mente, la primera mención a la intimidad sexual aparece en Génesis 4:1: «Ahora bien, Adán *tuvo relaciones sexuales* con su esposa, Eva, y ella quedó embarazada».

Si miráramos el idioma original, descubriríamos que la palabra traducida como «tuvo relaciones sexuales» en español es el término hebreo *yadá*[6]. Curiosamente, es idéntica a la palabra usada anteriormente cuando se les abrieron los ojos a Adán y a Eva, y ellos «conocieron» que estaban desnudos (LBLA). También es la misma palabra utilizada en Génesis 3:22: «Entonces el SEÑOR Dios dijo: He aquí el hombre ha venido a ser como uno de nosotros, *conociendo* el bien y el mal» (LBLA).

Si bien esta palabra, *yadá*, en Génesis 4:1 habla de algo a lo cual hoy en día denominaríamos sexo o intimidad física, la palabra misma no se refiere a las partes del cuerpo ni a la actividad física. En más de mil apariciones de la palabra en el Antiguo Testamento, tiene los siguientes significados:

- dar a conocer
- revelarse uno mismo
- ser dado a conocer, ser revelado
- hacerse conocido
- saber

Cuando la palabra *yada* se usa vinculada a una relación, ya sea esa conexión entre seres humanos o entre un ser humano y Dios, revela meterse drásticamente en la realidad de la otra persona para conocerla profundamente y darse a conocer profundamente. Este término es tan íntimo cuando se usa como la «primera mención» para introducir las relaciones sexuales en la Biblia, que cuando se aplica a Dios, se incluye en algunas de las interacciones más personales que podemos tener con él:

Te daré tesoros escondidos en la oscuridad,
    riquezas secretas.
Lo haré para que *sepas* [*yada*] que yo soy el Señor,
    Dios de Israel, el que te llama por tu nombre. (Isaías 45:3)

Los secretos del Señor son para los que le temen,
y Él les dará a *conocer* [*yada*] su pacto. (Salmo 25:14, lbla)

Pero tú eres mi testigo, oh Israel —dice el Señor—,
tú eres mi siervo.
Tú has sido escogido para *conocerme* [*yada*], para creer en mí.
    (Isaías 43:10)

En estos pasajes, leemos acerca de los «tesoros escondidos en la oscuridad», de ser «escogidos», de los «secretos» del Señor y de los «lugares secretos». Estas palabras se refieren a nuestra relación con Dios, pero también las usamos dentro de un vínculo íntimo y marital. Hay algo cierto acerca de los secretos:

tenemos que estar lo suficientemente cerca para susurrarlos o, al mínimo, tener una confianza estrecha para compartirlos. Dios dice que nosotros estamos cerca de él de esa manera cuando lo *yada*-mos (lo *conocemos*) a él.

La verdadera intimidad sexual, que incluye los lazos románticos de conocer y darse a conocer, comparte mucho más que momentos de pasión. Se experimenta porque ambas personas comparten secretos, su biología, sus feromonas, sus temores, sus fallas, sus esperanzas, sus sueños, su confianza y mucho más. A través del vínculo romántico con el compañero, la pareja encuentra la forma de amar más auténtica posible. De hecho, la naturaleza muy secreta de lo que comparten se convierte en su propio tesoro.

> *La verdadera intimidad sexual, que incluye los lazos románticos de conocer y darse a conocer, comparte mucho más que momentos de pasión.*

Al fin y al cabo, ¿qué hace que un secreto sea un secreto? Es un secreto porque nadie más lo comparte.

Lo mismo es cierto en el sexo y el romanticismo. Cuando cualquiera de los individuos casados comparte ese aspecto de intimidad con alguien que está fuera del pacto matrimonial, quebranta lo sagrado del tesoro secreto que alguna vez compartió con su cónyuge. Cuando eso sucede, este vínculo de *yada* pasa de ser como fue pensado por Dios, a ser como Satanás procuró corromperlo, que en la Biblia se conoce como *porneuō*[7] o *shakab*[8].

Estos términos bíblicos se refieren exactamente al mismo acto sexual que *yada*, pero eliminan la naturaleza sagrada del acto y la reemplazan por la superficialidad de lo que es común. Al hacerlo, los individuos implicados han dejado afuera uno de los principales propósitos e intenciones de la sexualidad: la vinculación exclusiva (emocional, espiritual y química) que posibilita conocer y ser conocido.

Cuando el sexo se convierte en nada más que una actividad por hacer cuyo fin está en sí misma, trae consigo angustia, celos, remordimiento y consecuencias emocionales, físicas y espirituales. Esto es válido incluso en los matrimonios, como lo vemos en el término *shakab*, usado para las relaciones sexuales entre Jacob y Lea, la esposa a la que no amaba. Si lee sobre el matrimonio de Jacob y Lea en Génesis 29, descubrirá que estuvo lleno de sufrimiento, pérdida, remordimiento y conflicto. He aquí algunos otros ejemplos bíblicos donde se usa el término *shakab*, en lugar de *yada*:

- David teniendo relaciones sexuales con Betsabé (2 Samuel 11)
- Siquem deshonrando a Dina (Génesis 34)
- Rubén teniendo relaciones sexuales con Bilha, la concubina de su padre (Génesis 35:22)
- Amnón violando a Tamar (2 Samuel 13)
- Las hijas de Lot teniendo relaciones sexuales con su padre (Génesis 19:30-38)

El sexo en y por sí mismo no es la intimidad que conduce a un vínculo relacional más profundo. Las parejas casadas pueden tener sexo durante todo su matrimonio, pero no experimentar nunca el *yada*. Esto es porque el *yada* implica mucho más que un acto. Incluye los elementos del cariño romántico, el deseo, el cultivo y el compromiso con la otra persona, que conducen al conocimiento en profundidad en el matrimonio. Esta es la clase de intimidad que excita sentimientos de satisfacción, contentamiento, felicidad y gozo mutuo de manera constante.

A menudo, se dice que el sexo no comienza en la habitación, sino en la cocina. Pero, en realidad, el sexo no comienza en la habitación ni en la cocina; comienza en el cerebro. Los científicos han estado estudiando lo que suelen denominarse las «huellas del olor» que cada persona tiene, que son similares a las huellas digitales. Las huellas del olor están compuestas por feromonas y otros olores que pueden desencadenar la atracción entre determinadas personas[9]. Estas feromonas y otros olores se pueden usar no solo durante el período del noviazgo para ayudarnos a decidir cuál podría ser el mejor compañero para nosotros, sino que también se pueden utilizar durante el matrimonio para mantener la atracción y la excitación entre los cónyuges. De hecho, en un estudio, mujeres casadas en la edad de la posmenopausia, que ya no producían sus propias feromonas,

> *El sexo no comienza en la habitación ni en la cocina; comienza en el cerebro.*

recibieron feromonas fabricadas sintéticamente, similares a las de mujeres más jóvenes. En este estudio doble ciego controlado con placebo, las mujeres que recibían las feromonas presentaban un aumento impresionante no solo en la actividad sexual con su esposo, sino también en actividades románticas como abrazarse y en las salidas intencionales[10].

Además del olor, los actos de ver, escuchar, tocar, excitar y sentir un orgasmo involucran una mezcla sumamente compleja de químicos y reacciones químicas también, cada uno diseñado para regular una conexión deseada por nuestro Creador. De hecho, estos químicos (la oxitocina, en particular) fortalecen nuestra disposición a confiar en el otro como cónyuges, que es uno de los motivos por los que muchos creen que las charlas íntimas posteriores a la relación sexual, o durante los descansos mientras están teniendo relaciones, son una experiencia muy íntima. Durante esos momentos, estamos químicamente conectados para bajar la guardia y confiar más profundamente que en cualquier otro momento. Este compartir relacional lleva entonces a un conocimiento mayor (*yada*), el cual profundiza la relación en general[11].

Dios usa el conocimiento y la experiencia de la intimidad en nuestras relaciones matrimoniales para darnos una pista de la intimidad única dentro de la Trinidad, y también sirve como un anticipo de la intimidad que sus hijos disfrutarán con el Señor en la eternidad. En la Oración Sacerdotal, Jesús dejó claro que él deseaba que la unión y la unidad de sus seguidores participara de la misma experiencia feliz de intimidad que él compartía con su Padre (Juan 17:5, 13, 21). Ya que el matrimonio es la máxima expresión de unión que Dios creó en la tierra, resulta lógico que este debería ser el contexto principal, a nivel humano, para acceder a la intimidad de la Divinidad. También explica por qué el matrimonio ya no será necesario en el cielo, ya que tendremos la experiencia completa y directa de la intimidad con Dios (Mateo 22:30).

Ocuparse de su matrimonio con total diligencia

Dentro del matrimonio, los enlaces químicos del romance que Dios nos ha dado sirven al propósito mayor de crear los lazos de compromiso, atracción y protección. Pero, lamentablemente, cuando estas experiencias ocurren fuera de los límites del matrimonio (como durante una aventura romántica sentimental y/o física), no solo perjudican el apego marital, haciendo que la pareja casada tenga que reconstruir lo que perdieron si es que quieren recuperar la armonía en la relación, sino que además originan enlaces químicos que han demostrado dejar, cuando finalmente se terminan, cicatrices duraderas, ansias y aun síntomas de abandono durante meses o hasta años. Las relaciones extramatrimoniales (sean físicas o sentimentalmente románticas) hacen mucho más daño que romper la confianza por la traición al matrimonio; literalmente transfieren a la otra persona el enlace químico marital que tiene con su pareja. Datos científicos medibles han demostrado que el síndrome de abstinencia de un amor temporal es tan serio como el síndrome de abstinencia de cualquier droga, si no más serio[12].

Ahora nos estamos enterando de esto por medio de la ciencia, pero Dios siempre lo ha sabido. Incluso nos ha dicho algo muy similar en su Palabra. Cuando el apóstol Pablo usó la palabra *kollaó*[13] al hablar de un hombre que tenía relaciones con una prostituta, con razón eligió una palabra que literalmente significa «pegar, cementar». Él escribió: «¿Y no se dan cuenta de que, si un hombre se *une* a una prostituta, se hace un solo cuerpo con ella?» (1 Corintios 6:16). Ambas, la actividad sexual y la romántica, liberan químicos diseñados para vincular, y estas hormonas que se graban en el cerebro literalmente pegan o cementan a un individuo con el otro.

> ❖ ❖ ❖ ❖ ❖
>
> *Las relaciones extrama-trimoniales (sean físicas o sentimentalmente románticas) hacen mucho más daño que romper la confianza por la traición al matrimonio.*
>
> ❖ ❖ ❖ ❖ ❖

Cuando se detiene una relación ilícita, en el cerebro se producen fuertes reacciones fisiológicas, muy similares a lo que sucede cuando se detiene el consumo de drogas, alcohol o alguna otra sustancia adictiva. Cada vez que una persona deja una conducta adictiva sin atenderla espiritualmente a través de los pasos del reconocimiento, el arrepentimiento, el perdón, la sanación, el empoderamiento y la libertad, esa persona tiene mayores probabilidades de volver a esa conducta o a una similar más adelante.

No ocuparse de la infidelidad marital (ya sea sentimental o sexual) y no sanarse espiritualmente se podría comparar con quitarle a un alcohólico su marca favorita de cerveza y luego mandarlo de vuelta a un bar con una infinidad de otras marcas para elegir. ¿Podría dejar de beber su marca favorita? Sí. Pero ¿tendría las herramientas emocionales, físicas y espirituales necesarias para rechazar la oportunidad de probar otra marca otro día? Probablemente no.

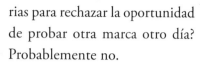

Es mucho más fácil guardar su corazón y su cuerpo con total diligencia que curar su corazón, así como el corazón del cónyuge a quien ha lastimado y traicionado.

Por eso es que las Escrituras nos enseñan «Con toda diligencia guarda tu corazón, porque de él brotan los manantiales de la vida» (Proverbios 4:23, LBLA). Es mucho más fácil guardar su corazón y su cuerpo con total diligencia que curar su corazón, así como el corazón del cónyuge a quien ha lastimado y traicionado. La conexión sentimental y/o física con una persona ajena al matrimonio deshonra el vínculo del pacto. De hecho, Jesús llega a decirnos que el hombre comete adulterio con una mujer aunque solo la mire con lujuria (Mateo 5:28). El adulterio es mucho más profundo que el acto físico, porque tiene su raíz en un origen espiritual. Mientras que la ley se fijaba en el acto (Éxodo 20:14), Jesús se fijó en el corazón.

Cuando un hombre mira a una mujer intencionadamente (no me refiero a que le da un simple vistazo para apreciar o admirar la belleza femenina que Dios le dio, lo cual no es pecado, sino a que prolonga la mirada o la lleva más allá en su mente), eso es lujuria. La lujuria en cualquiera de sus formas, incluida la pornografía, es inmoral. Como escribió Pedro: «Cometen adulterio con solo mirar y nunca sacian su deseo por el pecado. Incitan a los inestables a pecar» (2 Pedro 2:14).

Entregarse el uno al otro

Entonces, ¿cómo protegemos nuestro corazón y nuestro cuerpo con toda diligencia en relación con el romance en nuestro matrimonio? El siguiente pasaje de 1 Corintios 7:3-4 (RVA2015) describe una de las maneras:

> El esposo cumpla con su esposa el deber conyugal; asimismo la esposa con su esposo. La esposa no tiene autoridad sobre su propio cuerpo,

sino su esposo; asimismo el esposo tampoco tiene autoridad sobre su propio cuerpo, sino su esposa.

Pablo usó la palabra *deber* para referirse a la intimidad sexual, lo cual nos deja una manera única de ver este acto sagrado. Un deber está pensado específicamente para ser generado por causa del otro, para cumplir algo que necesita otra persona. Además, Pablo les recordó específicamente a sus lectores que ni la esposa ni el esposo tienen la autoridad sobre su propio cuerpo. Ambos le pertenecen al otro. Ambos cónyuges necesitan experiencias sexuales y románticas en su matrimonio, y uno puede llegar a necesitar tener intimidad en un momento en que el otro no necesariamente tenga ganas. Es por ese motivo que Pablo les aconseja a ambos que cumplan con su deber.

Muchos hombres me han dicho en la consejería:

—A mí me encantaría cumplir mi deber con mi esposa, pero ella no me deja.

Yo les respondo siempre lo mismo:

—Eso podría ser porque lo que usted está ofreciéndole cumplir no es lo que ella necesita.

Uno de los mayores obstáculos para desarrollar una verdadera intimidad física en el matrimonio es el fracaso para comprender correctamente las necesidades de la otra persona y luego satisfacer primero esas necesidades. El deber va más allá de la intimidad física.

> *Uno de los mayores obstáculos para desarrollar una verdadera intimidad física en el matrimonio es el fracaso para comprender correctamente las necesidades de la otra persona.*

Lo que la mujer necesita comienza en la mañana, no en la noche; empieza por sus emociones y no por su cuerpo. Algunos esposos no captan qué necesita realmente su mujer, y cuando aparecen a las diez de la noche, listos para satisfacer las necesidades *de ella*, los reciben dándoles la espalda, en lugar de darles un abrazo cálido. Esposos, si el único momento en el que su esposa sabe que puede contar con tenerlo junto a ella es cuando usted quiere tener relaciones sexuales con ella, usted no está satisfaciendo las necesidades emocionales y relacionales que ella tiene. Por eso 1 Pedro 3:7 nos manda, como maridos, a entender a nuestras esposas. La mayoría de las esposas se sintieron atraídas por nosotros al menos parcialmente por lo que hicimos durante el noviazgo. Una de las cosas que hicimos fue hablar de una manera que hizo que respondieran positivamente.

Otra cosa en la que muchos hombres eran buenos durante el noviazgo con su futura esposa era hacerlas sentir especiales y pensar en pequeñas sorpresas. Él le abría la puerta del auto y esperaba hasta que su novia entrara, y después le cerraba la puerta con suavidad. Ahora, ella tiene suerte si logra entrar al auto antes de que él se vaya. Cuando ella estaba a punto de pasar por una puerta, el muchacho la abría por ella. Ahora, la puerta la da en la cara después de que él pasa antes que ella.

Esposos, su esposa quiso casarse con usted no porque usted se desvistió y habló de sus atributos viriles. Quiso casarse con usted porque usted satisfacía sus necesidades emocionales, relacionales y aun románticas. Esas necesidades no cambian después de que dicen «Sí, acepto».

En la consejería, las esposas suelen compartir que su necesidad de cariño y un sentido de seguridad, comunicación y de ser cuidadas y apreciadas no está siendo satisfecho. Cuando la relación deja de tener romance, la pasión por el sexo a menudo también disminuye. Cuando las parejas me dicen que tienen un problema sexual, rara vez es cierto. En la mayoría de los casos, lo que tienen es un problema de intimidad, un problema en la relación. Por esa causa no pueden lograr que funcione el aspecto físico de su matrimonio.

A través del misterio del sexo, las parejas casadas descubren un íntimo nivel de entrega personal mediante una vulnerabilidad singular y un rendimiento mutuo.

Pero, esposas, también quiero dirigirme a ustedes, porque Pablo también las exhortó a satisfacer las necesidades de su esposo. Una esposa no puede mirar solamente lo que ella quiere en el matrimonio, sin preocuparse por lo que es importante para su esposo. Su marido a menudo querrá tener intimidad física normal, pero también hay otras cosas que pueden ayudar a satisfacer sus necesidades. Una es su aspecto y su aseo, a los cuales las mujeres suelen no darles importancia a causa de su horario atareado o porque los chicos complican las cosas. Trate de recordar cuánto tiempo pasaba preparándose para su esposo durante el noviazgo y esfuércese por seguir siendo tan atractiva para él como lo hacía antes de que dijo «Sí, acepto».

Esposas, su marido no puede salir con usted, cuidarla, elogiarla, servirla y asegurarse de que sus necesidades estén satisfechas, solo para que usted se niegue a satisfacer las de él. Si recibe el amor y el cariño de su esposo sin corresponderlo de maneras que sean significativas para él, a la larga, eso también causará falta de intimidad. Cuando el marido cumple su deber con su esposa, la esposa reacciona a su guía cediendo su cuerpo al contacto, al cuidado, a las caricias y al amor de su esposo. Asimismo, cuando el marido reacciona a la respuesta que ella le da, él también le cede su cuerpo a ella. La imagen que Pablo describió en estos versículos es la de dos personas que se pertenecen totalmente la una a la otra. A través del misterio del sexo, las parejas casadas descubren un íntimo nivel de entrega personal mediante una vulnerabilidad singular y un rendimiento mutuo.

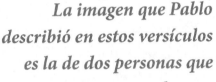

> *La imagen que Pablo describió en estos versículos es la de dos personas que se pertenecen totalmente la una a la otra.*

El libro de Cantares contiene la descripción más atrevida de la Biblia de la intimidad sexual en el matrimonio. El capítulo 4 describe detalladamente el preámbulo de la intimidad, y lo bello que tiene es que uno ve la entrega personal de Salomón y su esposa, el rendimiento mutuo de sus cuerpos.

La intimidad comienza con los elogios y las palabras de admiración y aprecio de Salomón por su esposa, no con el acto físico del sexo. Pero cuando se da ese momento de intimidad sexual, Dios mismo invita a los amantes a que se disfruten mutuamente (Cantares 5:1) en un acto que les ha regalado a las parejas casadas como una de las maneras de conocimiento mutuo más profundamente provechosas y mutuamente familiares.

Honrar su intimidad

Se le presta mucha atención al área de la sexualidad dentro del matrimonio porque la intimidad sexual es importante para la continua salud y vitalidad de la relación. Pero hay otra área a la cual no suele dársele importancia, y yo quiero mencionarla brevemente mientras finalizamos este capítulo sobre el romance. Esta área muchas veces ignorada es la de honrar voluntariamente la intimidad continua con su cónyuge.

¿Qué quiero decir con honrar su intimidad? Me refiero a respetar y valorar la profundidad especial de la comunicación, la libertad visual y física, y el intercambio que se producen en la relación matrimonial.

Los maridos y las esposas suelen sincerarse el uno con el otro sobre áreas de la vida que quizás no se sientan libres de discutir con otros, incluyendo sus miedos, ambiciones, pensamientos ocultos o aun fantasías. Estos diálogos íntimos de su alma con la del otro, que a menudo pueden darse como una charla íntima antes o después del sexo, deberían ser protegidos y estimados. No use los momentos de confidencias íntimas para corregir, denigrar o interrogar a su cónyuge. No solo eso: esfuércese por apreciar estas conversaciones compartidas en lo íntimo, guardándolas en la privacidad protectora donde las compartió. Volver a mencionarlas en la mesa familiar o en las actividades más cotidianas de la vida puede resultar ser una manera de enfriar los momentos especiales que disfrutaron. Protejan el corazón del otro y recibirán como recompensa una intimidad más profunda, tanto de cuerpo como de alma.

Honrar a su pareja en el área de la intimidad también incluye su presentación personal y su manera de interactuar. Demasiadas veces he visto maridos y esposas que una vez fueron muy atractivos, y se abandonan completamente después de casarse. Cualquiera que sea el motivo, le prestaban mucha atención no solo a su aspecto físico, sino también a su presentación antes de casarse, pero muy poca después. O, como también suele ser el caso en la consejería, los cónyuges comentan que la única vez en que ven a su pareja como era antes es en las ocasiones especiales o cuando salen. El resto del tiempo, las mujeres se conforman con usar pantalones deportivos, camisetas y nada de maquillaje, y a los maridos no les molesta estar desaliñados y despeinados.

Cada uno de los dos es un regalo para el otro cada día. Celebren ese regalo. Lo que comparten juntos es precioso y no puede compartirse a ese nivel con ninguna otra persona. Eso no significa que tengan que estar de punta en blanco todo el tiempo, pero ¿por qué no honrar a su cónyuge prestándole atención especial a cómo se ve usted ante sus ojos? ¿Por qué no querer que su cónyuge siga viéndolo y valorándolo como la luz de sus ojos?

Cuando entra a una habitación, ¿todavía siente que le llama la atención? ¿O tiene que esperar alguna salida para decir: «¡Vaya!»? Esposos, ¿tiene su esposa que escucharlo eructar las sobras del almuerzo desde la habitación de al lado, o la honra permitiéndole vivir como una dama en la presencia de un caballero?

Honrar su intimidad también quiere decir cuidar como algo sagrado el vocabulario que usan entre ustedes. He escuchado a cónyuges hablarse el uno al otro o demandar cosas cuando creían que nadie los escuchaba, y me hizo sentir vergüenza. El tono era brusco y las palabras eran mandonas y egocéntricas. Si a mí me dieron vergüenza, ¿cómo cree que lo habrán hecho sentir al cónyuge? Pero parece que eso sucede con demasiada frecuencia en los matrimonios.

> *Honrar su intimidad también quiere decir cuidar como algo sagrado el vocabulario que usan entre ustedes.*

O a menudo, marido y mujer no se hablan para poner a prueba una idea, sino para desahogarse. Degradan el honor de su intimidad de tal manera que alguno de los dos, o ambos, se sienten libres para quejarse de la vida, del trabajo, del otro, de los amigos o de cualquier otra cosa. Compartir las situaciones estresantes con su cónyuge es importante y sano para brindar y encontrar apoyo. Pero si permite que sus charlas se deterioren a tal punto que su cónyuge tenga que llevar verbalmente su carga personal y sus luchas día tras día, disminuirá el carácter sagrado de su espacio verbal.

El romance implica causarse alegría el uno al otro de diversas maneras, y una forma de hacerlo es siempre cuidar que el tono, las palabras y el tacto estén infundidos de respeto y encanto. No se guarden las palabras dulces o los nombres cariñosos solamente para el dormitorio o para las salidas especiales mientras que convierten su relación en un lugar de permanente desahogo de las cargas cotidianas. El matrimonio fue concebido como una manera de extraer lo mejor de cada uno en la pareja, para que juntos puedan cumplir los propósitos de Dios en la vida de ustedes. Disfruten ese regalo que él les ha dado. Hónrenlo. Aprécienlo. Y mantengan vivo el romance.

12

✦✦✦✦✦✦

LA RECONSTRUCCIÓN

LA MAYORÍA DE NOSOTROS HEMOS visto implosiones en televisión, de esas que hacen caer los edificios. Normalmente, eso sucede cuando un edificio viejo y en ruinas ocupa un lugar valioso que podría usarse para algo más. Colocan estratégicamente la dinamita en el edificio para implosionarlo y lo rebajan de la altura que tenga a una pila de escombros.

Sin importar cuánto hayan tardado las cuadrillas de constructores en levantar el edificio (semanas, meses o hasta años), se necesitan solo unos pocos segundos para destruirlo. Todo porque se ha producido una implosión.

Lamentablemente, hoy en día muchos matrimonios están implosionando por los arrebatos explosivos o las palabras dañinas. Con nuestra lengua, tenemos la capacidad de destruir rápidamente la esperanza y la salud mental del otro, rebajando lo que quizás haya llevado años construir en nuestra relación.

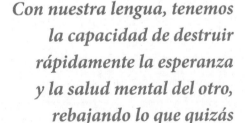

Con nuestra lengua, tenemos la capacidad de destruir rápidamente la esperanza y la salud mental del otro, rebajando lo que quizás haya llevado años construir en nuestra relación.

Las Escrituras apuntan en el sentido contrario en cuanto a cómo debemos usar nuestras palabras entre nosotros. En lugar de hacernos pedazos el uno al otro, la Biblia dice que nos edifiquemos intencionalmente, que nos ayudemos para desarrollarnos mutuamente y que nos alentemos el uno al otro por medio de lo que decimos. En varios lugares leemos:

Por lo tanto, procuremos que haya armonía en la iglesia y tratemos de *edificarnos* unos a otros. (Romanos 14:19)

Que todo se haga para *edificación*. (1 Corintios 14:26, LBLA)

Siguiendo la verdad con amor, crezcamos en todo hacia aquel que es la cabeza: Cristo. De parte de él todo el cuerpo, bien concertado y entrelazado por la cohesión que aportan todos los ligamentos, recibe su crecimiento de acuerdo con la actividad proporcionada a cada uno de los miembros para ir *edificándose* en amor. (Efesios 4:15-16, RVA2015)

Así que *aliéntense* y *edifíquense* unos a otros, tal como ya lo hacen. (1 Tesalonicenses 5:11)

Demasiadas parejas son conocidas por hacerse pedazos el uno al otro, en lugar de edificarse mutuamente. Tal vez sea un comentario disimulado en público o que no se digan una palabra amable cuando salen con amigos. Quizás lo hagan en privado, a puertas cerradas. Sea cual sea el caso, nuestras palabras pueden lastimar o infundir vida. Son poderosas. Un matrimonio sano es aquel en el que ambos miembros tratan con cuidado esta área crítica de lo que se dicen el uno al otro.

El poder de sus palabras

La Biblia es clara en cuanto a que, cuando se trata de relacionarnos el uno con el otro, tenemos que ser obreros de la construcción, edificando algo, no cuadrillas de demolición que tiran cosas abajo. De todos los lugares del mundo, su matrimonio debería ser ese lugar donde usted recibe aliento, donde le recuerdan sus puntos fuertes y donde recibe la motivación que necesita para vivir esas fortalezas de buena forma. ¿Cuándo fue la última vez que elogió a su cónyuge sin ningún motivo oculto? Si le pidieran que lo hiciera, ¿podría identificar con precisión las principales habilidades de su cónyuge, así como sus fortalezas y los atributos de su carácter? ¿Conoce bien su cónyuge las cosas que a usted lo atraen de él o de ella?

Una oración poderosa para incluir en su tiempo con el Señor podría expresar algo así:

Amado Padre, ayúdame a siempre usar mis palabras para edificar a mi pareja, para que él/ella pueda cumplir plenamente el destino que tú elegiste para él/ella. Ayúdame a fijarme en sus fortalezas y a no darle importancia a las áreas débiles o corregirlas en amor, de manera que lo que tenga para decirle traiga vida y no muerte.

Es una oración sencilla, pero lo animo a añadirla a su arsenal de guerrero de la oración. Demasiadas veces, las parejas ponen el acento en «ayudarse» a crecer remarcándose el uno al otro sus debilidades, aun cuando oran. ¿Qué tal si en lugar de señalar los errores de su pareja al Señor en oración (el Señor ya los conoce, de todas maneras), se toma el tiempo de darle gracias a Dios por las buenas cualidades de su pareja? Conviértalo en un hábito, y pronto experimentará un cambio en su manera de ver y de hablarle a su cónyuge.

La edificación mutua empieza con una mentalidad que valora la importancia de edificar con las palabras. Efesios 4:29 dice: «Eviten toda conversación

❖❖❖❖❖

De todos los lugares del mundo, su matrimonio debería ser ese lugar donde usted recibe aliento, donde le recuerdan sus puntos fuertes y donde recibe la motivación que necesita para vivir esas fortalezas de buena forma.

❖❖❖❖❖

obscena. Por el contrario, que sus palabras contribuyan a la necesaria edificación y sean de bendición para quienes escuchan» (NVI). En este pasaje, la edificación está directamente ligada a la comunicación.

Pese a nuestros esfuerzos por disminuir el impacto percibido de la comunicación, las palabras importan. A lo mejor haya escuchado el refrán en inglés: «Palos y piedras pueden romper mis huesos, pero las palabras no me herirán». No sé a quién se le ocurrió ese dicho, o siquiera por qué, ya que esa frase no podría estar más lejos de la verdad. Matrimonios enteros han sido arruinados por las cosas que se dijeron, o por las cosas que se repitieron durante un tiempo. Hay vidas destruidas por las palabras. La realidad es que las palabras sí importan, y lo que usted escucha afecta sus pensamientos, sus sentimientos y, a la larga, su manera de actuar.

Si un juez tuviera que declararlo culpable o inocente en un juicio, esas dos palabras serían muy importantes por el simple hecho de que impactarían su libertad. Si un doctor entrara en la sala de tratamientos y dijera «benigno» o «maligno», créame

Lo que usted dice, cómo lo dice e, incluso, el momento en que lo dice, deciden si usted está edificando a la persona o destruyéndola.

que esas palabras le importarían, porque afectarían la naturaleza de su bienestar. Las palabras pueden, literalmente, controlar su salud emocional, o la falta de ella, si usted lo permite, cosa que la mayoría hace.

Lo que usted dice, cómo lo dice e, incluso, el momento en que lo dice, deciden si usted está edificando a la persona o destruyéndola. Su boca pone al descubierto lo que hay en su corazón y, simultáneamente, afecta el corazón de otra persona, para bien o para mal.

La sabiduría en las palabras

En el matrimonio, el objetivo de la edificación a través de la comunicación es levantarse el uno al otro. Cuando su cónyuge tiene que enfrentar las críticas en el trabajo, en la congregación, de los familiares o incluso de sus hijos, su matrimonio debería ser ese refugio seguro donde puede tener la certeza de que recibirá apoyo y amor. Eso no significa que usted no puede señalar jamás algo que pudiera llegar a mejorarse, pero diga «la verdad con amor» (Efesios 4:15), convirtiendo al amor y a la verdad en los dos postes de la portería por la que deben pasar sus palabras.

La amargura que consume a tantos matrimonios en la actualidad me recuerda una historia que escuché una vez sobre Lady Astor y Winston Churchill. Los dos servían juntos en el Parlamento británico y se odiaban el uno al otro abiertamente. Un día, Lady Astor le dijo a Winston Churchill:

—Si usted fuera mi marido, yo le pondría veneno a su té.

A lo que Winston Churchill contestó:

—Señora, si usted fuera mi esposa, yo me lo tomaría.

Nos reímos por lo extremados que son esos sentimientos, pero se sorprendería al escuchar las cosas que se dicen maridos y esposas. Tal vez usted mismo lo haya hecho, o se las hayan dicho a usted. Después de casi cuatro décadas de aconsejar a parejas casadas, ya he escuchado de todo. Y la lengua, por mucho, es una de las herramientas más poderosas, para bien o para mal. Como vimos anteriormente en Efesios 4:29, tenemos que hablar de tal manera que nuestra palabra «imparta gracia» (LBLA) a la persona que nos escucha. Una manera de ver la comunicación con nuestro cónyuge es como un ministerio de la gracia, que, en definitiva, es su propósito a fin de cuentas. Gracia significa favor, un favor literalmente inmerecido.

No debería importarle si su cónyuge merece que le diga cosas agradables. No debería importarle si él o ella se ha ganado su aprobación. Conforme a la Palabra de Dios, usted debe usar sus palabras y su tono para ministrar la gracia en su matrimonio. ¿No se alegra de que Dios no espera a que usted merezca su gracia para dársela? Tampoco usted debería tomar de rehén a su cónyuge, exigiéndole determinada norma para ministrarle la gracia con lo que le diga.

Sazonado con sal

El *cómo* dice usted lo que dice es muchas veces tan importante como *qué* dice.

Es como el marido que cuidaba a la anciana madre de su esposa, y también al perro, al que su esposa quería mucho. La mujer tuvo que salir a hacer unos mandados. Cuando volvió unas horas después, preguntó:

—¿Dónde está el perro?

Su esposo le respondió:

—Se murió.

—¿Qué? —gritó ella—. ¡No puedo creer que me lo hayas dicho así como si nada! En lugar de decir: "El perro se murió", ¿por qué ni siquiera trataste de hacer un poco más suave el golpe?

> *El cómo dice usted lo que dice es muchas veces tan importante como qué dice.*

Podrías haber dicho: "El perro estaba en el tejado, se resbaló y, pobrecito, no sobrevivió".

Pasó un rato, y la mujer se dio cuenta de que no había visto a su madre, quien vivía en la casa con ellos. Así que le preguntó a su esposo:

—¿Dónde está mi madre?

El marido reflexionó en lo que ella le había dicho acerca del perro, y le respondió:

—Bueno, tu madre estaba en el tejado...

¿Usted es brusco cuando habla con su cónyuge? ¿Podría decir las cosas de una manera más suave? ¿Ha perdido el arte de ser cortés cuando se trata de hablarle a su pareja? Hoy en día, demasiados matrimonios están marcados por las palabras duras que se dicen. Si usted no les hablaría con esa dureza a sus colegas, a su jefe ni a un extraño en el supermercado, ¿por qué piensa que es cariñoso, amable y efectivo para la relación hablarle de esa manera a su cónyuge?

Nuestro Señor nos instruye en Colosenses 4:6 «Que la palabra de ustedes sea siempre agradable, sazonada con sal, para que sepan cómo les conviene responder a cada uno» (RVA2015). Dicho de otra manera, póngale un poco de sabor a sus palabras para que sean tan sabrosas como sea posible y elimine la opción de la descomposición. Eso es lo que hace la sal; añade sabor e inhibe la descomposición. Si quiere darle más sabor a su matrimonio, agréguele sal a lo que diga. Si le interesa preservar su matrimonio, agréguele sal a lo que diga. Escoja a propósito tanto el tono como el lenguaje que edifiquen al otro, y se sorprenderá de cómo eso mejorará su relación. Cuando hable con su cónyuge, no se olvide de sazonar su comunicación, de manera que lo que diga no solo sea comestible, sino también digerible.

Si nosotros, como pareja, empezáramos a adoptar la actitud y la estrategia de procurar ministrarnos mutuamente con nuestras palabras para edificarnos el uno al otro, resultaría que veríamos menos «reacciones» de parte del otro y tendríamos menos conflictos entre los dos. Además, en el matrimonio, recortaríamos la competencia, el enojo, el remordimiento y el dolor que experimentamos. ¿No sería lindo tener un matrimonio marcado por la gracia y la paz, en lugar de estar marcado por las pullas y el dolor? Ese matrimonio es posible si se comprometen a edificarse el uno al otro.

Domar la lengua

El libro de Santiago es un libro pequeño que contiene mucha garra. Tiene mucho que decir sobre nuestras palabras. En el capítulo 3, Santiago presentó una amplia analogía de la lengua:

> También un pequeño timón hace que un enorme barco gire adonde desee el capitán, por fuertes que sean los vientos. De la misma manera, la lengua es algo pequeño que pronuncia grandes discursos.
>
> Así también, una sola chispa puede incendiar todo un bosque. De todas las partes del cuerpo, la lengua es una llama de fuego. Es un mundo entero de maldad que corrompe todo el cuerpo. Puede incendiar toda la vida, porque el infierno mismo la enciende.
>
> El ser humano puede domar toda clase de animales, aves, reptiles y peces, pero nadie puede domar la lengua. Es maligna e incansable, llena de veneno mortal. A veces alaba a nuestro Señor y Padre, y otras veces maldice a quienes Dios creó a su propia imagen. Y así, la bendición y la maldición salen de la misma boca. Sin duda, hermanos míos, ¡eso no está bien! ¿Acaso puede brotar de un mismo manantial agua dulce y agua amarga? ¿Acaso una higuera puede dar aceitunas o una vid, higos? No, como tampoco puede uno sacar agua dulce de un manantial salado. (Versículos 4-12)

Amigo, si Dios está a cargo de su boca, usted no debería dar mensajes de doble sentido. No deberíamos escucharlo alabar a Dios y maldecir a los demás. No debería hablar de una manera en la iglesia frente a los miembros de la familia de Dios y de otra manera delante de su propia familia. La lengua es una herramienta poderosa según Santiago, como un timón que puede manejar un barco enorme. Su lengua y lo que usted dice pueden llevar a su matrimonio a la satisfacción y el beneficio mutuos, o a la desesperación y el daño mutuos. Elija cuidadosamente sus palabras, porque ellas alojan vida tanto como muerte.

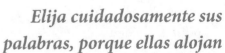

Elija cuidadosamente sus palabras, porque ellas alojan vida tanto como muerte.

Usted no solo afecta a su matrimonio con lo que dice; también afecta su relación con Dios. Veamos más detalladamente Efesios 4:29-32, que ya mencioné antes. En este pasaje descubrimos cómo lo que nos decimos impacta efectivamente el nivel de nuestra propia intimidad con Dios, lo que, a su vez, impacta nuestro acceso a su abundancia, a su poder, a su gracia y a su perdón, los cuales necesitamos desesperadamente:

> Eviten toda conversación obscena. [...] No agravien al Espíritu Santo de Dios, con el cual fueron sellados para el día de la redención. Abandonen toda amargura, ira y enojo, gritos y calumnias, y toda forma de malicia. Más bien, sean bondadosos y compasivos unos con otros, y perdónense mutuamente, así como Dios los perdonó a ustedes en Cristo. (Efesios 4:29-32, NVI)

La mayoría de nosotros no se da cuenta de que las palabras desagradables que le decimos a nuestro cónyuge entristecen al Espíritu Santo de Dios. Pero así es. Estoy seguro de que si fuéramos más conscientes de eso, seríamos más cuidadosos con nuestras palabras. El Espíritu Santo se entristece con nuestro hablar, porque hablar es una cuestión espiritual, no solo conversación. Lo que usted diga y cómo lo diga no deben depender de la perfección o del comportamiento de su pareja. Debería depender completamente de la ternura, la bondad, la gracia y el perdón de Dios hacia usted. Use el trato que Dios le da a usted como parámetro de cómo debe tratar a su cónyuge.

Me imagino que usted podría estar pensando en este preciso instante. *Pero, Tony, usted no sabe lo que me hizo mi cónyuge. No sabe cómo me lastimó, cómo me desdeñó, cómo me gritó... o todo lo anterior.* Y tiene razón. Yo no lo sé, pero Dios sí. Y es él quien nos dio las instrucciones con respecto a nuestra lengua. A pesar de lo que pueda haberle dicho o hecho otra persona, Dios sigue diciendo que cuidemos nuestras palabras. Me he tomado la libertad de reestructurar el siguiente pasaje en términos maritales y puse en itálicas las palabras que reemplacé:

> No hablen mal *de su cónyuge*. Si se critican y se juzgan *en su matrimonio*, entonces critican y juzgan la ley de Dios. En cambio, les

corresponde obedecer la ley, no hacer la función de jueces. Solo Dios, quien ha dado la ley, es el Juez. Solamente él tiene el poder para salvar o destruir. Entonces, ¿qué derecho tienes tú para juzgar a tu *pareja*? (Santiago 4:11-12)

Si eso no es suficientemente claro, Dios refuerza su idea en el capítulo 5 y, nuevamente, lo transcribiré con términos maritales. «Hermanos, no se quejen *de su cónyuge*, o serán juzgados. ¡Pues miren, el Juez ya está a la puerta!» (versículo 9).

No lo dije yo, fue Dios. Ni siquiera se queje. Quejarse de alguien presupone que hay algo de qué quejarse. Cualquiera que esté casado tiene algo legítimo de qué quejarse de su cónyuge, simplemente porque nos casamos con seres humanos que vinieron completos con su naturaleza pecadora, al igual que nosotros. Sí, su cónyuge lo ha lastimado. Sí, es posible que haya sido descuidado, ignorado o que le hayan hablado con dureza. Pero Dios es claro: no se queje. Haga lugar para que Dios se ocupe de su cónyuge dejando las quejas que usted tiene en las manos de él.

Cuando usted domina su lengua y en vez de eso la usa en obediencia a Dios para edificar a su cónyuge en lugar de quejarse, abre la puerta para que la mano de Dios pueda redimir, corregir, desafiar y restaurar a su pareja a una relación correcta con usted. Demasiadas veces, las parejas casadas frenan la mano de Dios al tomar las cosas en sus propias manos, más que nada con la lengua.

❖❖❖❖❖

Haga lugar para que Dios se ocupe de su cónyuge dejando las quejas que usted tiene en las manos de él.

❖❖❖❖❖

Leemos en Santiago 5:8: «Ustedes también deben ser pacientes. Anímense, porque la venida del Señor está cerca». Él está cerca, y su llegada para liberarnos será más pronto de lo que pensamos. Pero mientras espera que Dios intervenga, no permita que su frustración con su cónyuge haga que se desquite con él o ella. Porque si lo hace, en lugar de venir para estar cerca de usted, como dice en el versículo 8 de Santiago 5, el Señor vendrá para hacer lo que dice el versículo 9, juzgarlo: «Hermanos, no se quejen unos de otros, o serán juzgados».

En el versículo 8, Dios viene para ayudarlo. En el versículo 9, viene a juzgarlo. Y la única diferencia entre el versículo 8 y el 9 es la boca de usted. La única diferencia entre que Dios venga para ayudarlo o a juzgarlo en su matrimonio es lo que usted dice. En otras palabras, cuide su boca, porque su boca es la que puede estar impidiéndole ser bendecido. Su lengua puede estar bloqueando su liberación. Es posible que Dios esté a la puerta, listo para restaurarlo, pero cuando escucha lo que usted le dice a su cónyuge, la cierra.

Fueron las bocas de los israelitas las que impidieron que entraran a la Tierra Prometida. Cada vez que tenían un desafío por delante, se quejaban. Protestaban por no tener suficiente agua, por no tener suficiente comida; se preguntaban por qué no podían regresar a Egipto... ¡y más! Entonces, durante cuarenta años, el Señor dejó que los israelitas deambularan en su miseria en lugar de disfrutar las bendiciones de su provisión abundante y de sus promesas porque se la pasaban hablando de las cosas equivocadas.

Es como ese vaquero que iba manejando su camioneta por la autopista, con su perro a su costado y con su caballo en el remolque. Cuando chocó muy fuerte contra una curva, todos se dieron vuelta. Un policía llegó a la escena del accidente poco tiempo después de que sucedió. Se acercó al caballo y vio que no sobreviviría, así que sacó el arma y le disparó para que dejara de sufrir. Después, se acercó al perro y vio que estaba al borde de la muerte, agonizando, así que también lo ayudó a que dejara de sufrir. Después de eso, se acercó al vaquero y le preguntó cómo se sentía. Viendo el humo que todavía salía del arma del policía, el vaquero rápidamente dijo: «¡Nunca me sentí mejor!».

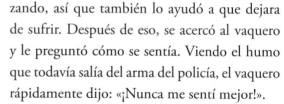

Elija decir bendiciones en su hogar y a su cónyuge todos los días.

Al margen de cualquier broma, sus palabras pueden salvarle la vida. No solo eso, pueden salvar su matrimonio. Elija decir bendiciones en su hogar y a su cónyuge todos los días. En lugar de quejarse, envíele un mensaje de texto edificante, y vea qué sucede. Se sorprenderá. Nadie quiere quedar atrapado en un matrimonio miserable, pero esa miseria puede convertirse en bendición si se compromete intencionalmente a elegir lo que dice, basándose en los principios de Dios. Hágalo, y todo el clima de su hogar mejorará.

Que la oración de David sea su propia oración diaria por su matrimonio:

«Que las palabras de mi boca y la meditación de mi corazón sean de tu agrado, oh Señor, mi roca y mi redentor» (Salmo 19:14). Ore este versículo cada mañana y sujétese a él, y verá cómo vuelve la vida a su matrimonio.

La reanimación boca a boca da vida. También lo hace la madurez de boca a boca, al elegir qué decir y qué no decir.

13

❖❖❖❖❖

EL REGRESO

UNA MUJER CASADA DIJO UNA VEZ: «Yo buscaba un ensueño, pero en cambio encontré una pesadilla, y ahora quiero despertar».

Un hombre lo expresó de esta manera: «El matrimonio se ha convertido en una zapatiesta: después de las fiestas (del compromiso y del matrimonio), ahora las cosas están contrapuestas».

Es posible vivir en la misma casa con alguien y no disfrutar de un hogar. Eso ocurre cuando el amor se deteriora y se convierte en un deber, cuando la pasión se transforma en un programa y cuando la comunicación pasa a ser notas autoadhesivas, resoplidos o mensajes de texto.

> ❖❖❖❖❖
>
> *Es posible vivir en la misma casa con alguien y no disfrutar de un hogar.*
>
> ❖❖❖❖❖

Es como la pareja que dejó de hablarse por demasiado tiempo a causa de un conflicto que había tenido. Como no quería llegar tarde a su vuelo a la mañana siguiente, la noche anterior el marido escribió una nota y la dejó en el lado de su esposa en la cama. La nota decía: «Despiértame a las cinco para que pueda llegar a mi vuelo».

Cuando el marido se despertó, se dio cuenta de que eran las siete y media y que había perdido su vuelo. Furioso porque su esposa no lo había despertado, miró hacia su lado de la cama. Ella se había ido, pero en su lugar había una nota que decía: «Son las cinco».

También sabe que su relación matrimonial está cayendo en picada cuando los elogios se convierten en críticas. Un hombre se sentía tan frustrado con su esposa, que dijo:

—No puedo creer que Dios haya hecho a alguien tan hermosa y, al mismo tiempo, tan estúpida.

A lo cual ella replicó:

—Bueno, tienes razón. Dios me hizo hermosa para que tú me amaras, pero a mí me hizo estúpida para que yo te amara a ti.

Ahora, ese nivel de sarcasmo resulta un poco fuerte, pero basándome en las incontables charlas de consejería que he tenido con parejas casadas, no es excepcional. Hay todo tipo de rupturas de relaciones, y afectan todas las maneras en que las personas casadas se relacionan.

Esto no difiere tanto de las rupturas que sufrimos en nuestra relación con Dios. Los creyentes pueden pasar días, e incluso semanas, sin tener una comunicación significativa con el Señor. O la comunicación que sí tenemos puede ser completamente unilateral. Dios abordó el núcleo de nuestra comunicación con él en el libro de Apocalipsis y, si bien esto no se dirige específicamente al matrimonio, los principios que nos da acerca de cómo relacionarnos con él pueden entrecruzarse y aplicarse de distintas maneras a la forma de relacionarse de la pareja casada. Explorar el núcleo del problema con Dios puede ayudarnos a entender mejor el núcleo del problema con nuestro cónyuge.

El pasaje en el que quiero enfocarme es parte de una carta que fue escrita a siete iglesias, en la que nuestro Señor describió cómo se sentía acerca de su relación con cada una de ellas. La primera iglesia a la que se dirigió fue a la de Éfeso, a la que podríamos llamar la ciudad de Nueva York de Asia Menor en ese día. Éfeso era el lugar donde sucedían las cosas importantes en el comercio, en el intercambio internacional de bienes e, incluso, en las reuniones sociales. Éfeso albergaba la expresión cultural de su época, así como la actividad religiosa, con el templo de Diana como el centro para mucho de la vida. Éfeso tenía potencial y promesa en casi todo. Sus calles estaban llenas de vida.

Una iglesia había nacido en Éfeso mediante la obra y el ministerio del apóstol Pablo y, al principio, los miembros de la iglesia estaban encendidos con el fuego de Dios (Hechos 19). Habían sacado sus abalorios, sus libros de magia y cualquier otra cosa relacionada con su vieja vida y, literalmente, les habían prendido fuego por devoción a Dios. La relación que tenían con el Señor estaba llena de pasión, fervor y conexión.

Al principio del matrimonio, muchas relaciones son así. El sacrificio personal no se siente como un sacrificio. La devoción surge naturalmente. Pero con el tiempo, como veremos en Apocalipsis, la pasión de algún modo se transforma en desempeño a medida que algo en la relación se apaga.

La epístola a la iglesia de Éfeso, siguiendo este deslice del fuego al puro humo, comienza con un elogio por sus actos. Sin embargo, a medida que seguimos leyendo, descubrimos que solo se trataba de hechos, no necesariamente de amor.

Pero los hechos deberían haber bastado, ¿cierto? No. Piense por un instante en su matrimonio. ¿Alguna vez ha actuado su cónyuge de acuerdo con cómo debería funcionar un matrimonio y, sin embargo, usted sintió que sus actos eran más por obligación que por el amor del corazón? O considere si usted alguna vez ha hecho algo similar. Lo que hacemos no siempre deja ver qué hay en nuestro corazón, pero los que están más cerca de nosotros (Dios y nuestro cónyuge) conocen nuestro corazón, independientemente de lo que hagamos.

> *Lo que hacemos no siempre deja ver qué hay en nuestro corazón, pero los que están más cerca de nosotros (Dios y nuestro cónyuge) conocen nuestro corazón, independientemente de lo que hagamos.*

Veamos cómo se desarrolla esto para la iglesia de Éfeso, donde lo que comenzó como un firme elogio por hacer grandes cosas terminó revelando que detrás de todo eso había un corazón vacío:

> Yo sé todo lo que haces. He visto tu arduo trabajo y tu paciencia con perseverancia. Sé que no toleras a la gente malvada. Has puesto a prueba las pretensiones de esos que dicen ser apóstoles pero no lo son. Has descubierto que son mentirosos. Has sufrido por mi nombre con paciencia sin darte por vencido. (Apocalipsis 2:2-3)

Para proveer el contexto, la iglesia de Éfeso se había convertido en una iglesia de servicio. Lo que comenzó con un fuego apasionado por el Señor había producido lo que la mayoría consideraría como grandes cosas. Los creyentes efesios eran abejas laboriosas espirituales. Todos estaban en un ministerio, involucrados en alguna actividad y haciendo algo para promover el bien e impidiendo que entrara el mal. Habían perseverado y no habían abandonado sus roles. Los miembros de la iglesia tenían normas y las cumplían. No se rendían, pese a los desafíos permanentes que habrían agotado a los mejores de nosotros. A pesar de todo, la iglesia de Éfeso se mantenía firme.

Antes de que leamos acerca del corazón detrás de sus hechos, sobrepongamos este ejemplo bíblico al del escenario matrimonial. Si pusiéramos este pasaje en el contexto del matrimonio, estos serían los maridos y las esposas que van tachando los puntos de su lista de pendientes. Leen la Palabra, juegan con sus hijos y llevan a cabo las cosas que deberían dar lugar a un hogar sólido. No se entregan a la pereza ni son egoístas, sino que buscan servir. Y, como leemos en este pasaje, todo eso es bueno. La iglesia de Éfeso fue elogiada por estas y otras cosas más, y las parejas casadas que hacen cosas similares también deberían ser elogiadas.

Sin embargo, hay un «pero». Después de todos los elogios y los honores por el trabajo bien hecho, Dios continúa su mensaje para la iglesia con una pequeña conjunción que tenía un mensaje más grande: «*Pero* tengo esto contra ti, que has dejado tu primer amor» (Apocalipsis 2:4, LBLA). En otras palabras: «Sí, iglesia de Éfeso, has hecho muchas cosas impresionantes. Sí, eres la destinataria de muchos elogios. *Pero* tengo una crítica importante que anula el resto: has dejado tu primer amor. Puede que muchas cosas estén marchando bien, pero esta única cosa equivocada está extremadamente equivocada».

Analicémoslo un momento, porque aparentemente esto significa que usted puede servir, hacer, dar y más, y no tener su primer amor. Puede estar sacrificándose, pero no tener su primer amor. Puede ser firme e incluso sufrir, pero no tener su primer amor. A pesar de todo esto, algo faltaba en la iglesia de Éfeso.

Cuando leemos este pasaje de Apocalipsis, es fácil pasar por alto una distinción esencial. A los creyentes de Éfeso no se les dijo que no tenían amor. Dios no les dijo: «Iglesia de Éfeso, no me amas». Les dijo: «Has dejado tu *primer* amor». Observe la palabra *primer*.

El primer amor es diferente al amor. El primer amor siempre incluye algo que el amor ágape en general no incluye: la pasión. Recuerde la primera vez que se enamoró. ¿Se acuerda del fuego que había dentro de usted? Esa hoguera dominaba sus pensamientos y sus actos. Cuando se enamoró por primera vez, no podía despegarse del teléfono. Se pasaban toda la noche hablando, aunque estuvieran a punto de quedarse dormidos. El primer amor siempre entraña deseo.

La iglesia de Éfeso no estaba omitiendo nada del programa; el tema es que su programa no tenía ningún fuego. Tenían un programa sin ninguna pasión. Esto se parece a lo que muchas esposas sienten en el Día de los Enamorados. Cada año, se presenta esta celebración del amor, presentándoles a los maridos una larga lista de expectativas. Créame, lo sé. El problema es que muchos hombres le regalan una tarjeta a su esposa, la llevan a cenar y le dicen cosas lindas, simplemente porque saben que si no hacen esas cosas, y otras más, los pondrán en capilla durante el resto del año. Es una expectativa de servicio que muchísimas veces se cumple sin el fuego. El esposo puede decir: «Bueno, mi vida, hice A, B y C». Puede describir minuciosamente la claridad de su programa y, sin embargo, falta algo.

> *El primer amor siempre incluye algo que el amor ágape en general no incluye: la pasión.*

Ahora, recuerde ese primer amor y aquellas veces en las que quizás no hubo suficiente dinero para una tarjeta y una cena, y el regalo probablemente lo compró en una tienda que incluía en su nombre la palabra «mercado». Sin embargo, todo era mucho más satisfactorio porque estaba atado a la pasión del primer amor.

El primer amor significa algo más que dinero. El primer amor se origina en la motivación, más que en el movimiento. Cuando la iglesia de Éfeso perdió su primer amor, degeneró y se convirtió en una religión a costa de la relación. Pero la primera preocupación de Dios por ellos (así como por usted y por mí) era su entrega. Al igual que lo primero que le preocupa de su cónyuge es su entrega. Porque cuando tiene fuego, también tendrá hechos. Puede haber actos sin fuego, pero cuando el fuego se apaga a causa del horario laboral, el rendimiento o aun el deber, los actos resultan vacíos.

Recuerdo que una vez estaba en un hotel y tomé una manzana que había en una bandeja de frutas. Se veía jugosa y madura, pero cuando mordí el primer bocado, me di cuenta de que era una manzana de cera. Antes de morderla, parecía la manzana más linda y la más jugosa que había visto en mi vida; me había tentado desde el momento que llegué a la recepción del hotel. Esa manzana parecía real. Pero no era auténtica.

En otras palabras, ustedes pueden parecer felizmente casados. Pueden dar la imagen de tener una familia unida. Pueden aparentar como que hacen todas las cosas correctas. Pero quizás estén en una situación desdichada, simplemente porque han dejado su primer amor. Su relación ya no es su enfoque, y han recurrido a cumplir con el programa y con el sistema denominado matrimonio.

Hace un tiempo, cuando no era obligatorio usar el cinturón de seguridad, uno sabía qué parejas estaban en la etapa del primer amor porque los dos iban detrás del volante, no solamente el conductor. La mujer iba toda acurrucada al costado del hombre. También se podía ver qué parejas se habían olvidado de su primer amor porque la mujer iba sentada tan cerca de la puerta como podía.

¿Y ahora qué?

Felizmente, Dios no abandonó a la iglesia de Éfeso con su problema. Les brindó una solución. La buena noticia para las parejas casadas que puedan haber perdido su primer amor es que el amor perdido se puede recuperar. El piloto puede volver a prenderse. La llama puede encenderse de nuevo. Obviamente, no sucederá al azar, pero sí es posible. Dios nos enseña tres pasos para lograr que suceda: recordar, arrepentirnos y repetir.

Recuerde

El camino para reavivar la pasión de su primer amor es recordar dónde estuvieron alguna vez: «Recuerda, por tanto, de dónde has caído» (Apocalipsis 2:5, LBLA). Retroceda en el tiempo hasta esa época en la que probablemente no tenían dinero, vivían en un departamento y tenían solamente un auto. Apenas tenían lo suficiente para llegar a fin de mes, pero era más que suficiente para que la vida fuera interesante: tenían su primer amor. Vuelva a aquellas épocas cuando salían y tenían fantasías el uno con el otro. Cuando recordaba en sus pensamientos los besos que se habían dado. Viaje al pasado y recuerde cómo era tomarse de la mano cuando se sentaban en el sofá. Recuerde cómo eran esas conversaciones en las que cada uno exploraba la profundidad del corazón y de la mente del otro. Recuerde cómo él la hacía reír, sin hacer ningún esfuerzo, y cómo él se daba vuelta para mirarla cuando usted entraba en la habitación. Recuerde cuando se sometía a él sin que él se lo pidiera; con alegría, simplemente porque quería complacerlo. Y él la rodeaba con sus brazos cada noche, simplemente porque podía.

> ✦✦✦✦✦
>
> *Recuerde cómo él la hacía reír, sin hacer ningún esfuerzo, y cómo él se daba vuelta para mirarla cuando usted entraba en la habitación.*
>
> ✦✦✦✦✦

La indicación que Dios le dio a la iglesia de Éfeso (que recordaran de dónde habían caído) es la misma que yo voy a darles a ustedes como pareja casada que puede haber perdido la pasión. No pueden decirme que cuando se casaron no tenían pasión y fuego, deseo y placer. Si antes tenían todo eso, pueden avivarlo. Empiece por recordar cómo era. Ensáyelo mentalmente, porque eso en lo que pensamos afecta lo que hacemos y decimos.

Si está rememorando el fuego que tenían, eso influirá profundamente en su manera de tratar a su cónyuge en este momento. Aparecerá en lo que le dice y en lo que no dice, y también en el espíritu con el que hace las cosas. Recuerde su primer amor, cómo se sentía. Vuelva a sentir esos sentimientos, aunque hoy no sean más que recuerdos. Cuanto más se permita sentirlos, más probable será que vuelvan. No deje que el sufrimiento y las desilusiones que acosan a todos los matrimonios (y el suyo no es una excepción) bloqueen las emociones del primer amor. Cuando se sienta dolido, amargado o simplemente apático, vuelva a enfocarse rápidamente en los sentimientos del primer amor. Hágalo la suficiente cantidad de veces, y se convertirá en un hábito. De hecho, hable con su cónyuge de cómo eran las cosas antes. Eso ayudará a despertar sus recuerdos.

Arrepiéntase

Lo siguiente que se nos dice que debemos hacer en nuestra relación con Dios es arrepentirnos. Ahora, que yo recuerde, en la Biblia hay solamente una cosa de lo que uno se arrepiente, y es del pecado. Pero ¿sabe qué? Dejar su primer amor por Dios se considera un pecado. No se trata solo de una circunstancia. Del mismo modo, perder el amor por su cónyuge también es un pecado, porque las Escrituras nos ordenan amar, no solo a los demás en general, sino a nuestro cónyuge en particular (Marcos 12:31; Efesios 5:25; Colosenses 3:19).

Cuando se ha producido una desviación física o emocional de la santidad establecida para la unión matrimonial, el pecado está presente. Y, siempre que hay pecado, es necesario arrepentirse para que haya restauración. Que ese arrepentimiento llegue tranquilamente entre usted y Dios durante sus momentos de oración o que usted lo comparta con su cónyuge no es tan importante como asegurarse de que surja como algo genuino de su interior. Además, el arrepentimiento implica acción. Arrepentirse significa ir en la dirección contraria. Implica dar la vuelta, cambiar el rumbo por completo.

Algunos de los problemas y desafíos que enfrentamos en nuestra relación como parejas casadas quizás sean irreparables.

Algunos de los problemas y desafíos que enfrentamos en nuestra relación como parejas casadas quizás sean irreparables. Puede que haya demasiado sufrimiento, dolor y angustia de por medio. Ni todos los remiendos del mundo pueden resolver ciertas cosas, simplemente porque el deterioro y el desgarro son demasiado profundos. En situaciones como esta, cuando no se puede arreglar una puerta, una ventana, el techo, o parte de un edificio, se necesita una implosión. Nuevamente, en una implosión, colocan la dinamita en el edificio para derrumbarlo.

¿Sabe por qué las cuadrillas de construcción tiran abajo un edificio? Para poner algo nuevo en su lugar. Derriban el edificio para despejar el camino para algo nuevo. Muchas veces, las parejas pierden todo su tiempo y su energía emocional tratando de arreglar una discusión o una situación que está tan arruinada que ya no se puede arreglar. ¿Qué tienen que hacer entonces en esas situaciones? Tienen que descubrir cómo crear algo nuevo. Piense en lo maravillosa que es la calculadora. Cuando pone el número equivocado, no tiene que descifrarlo. Simplemente presiona la tecla «Clear» para borrar y empezar de nuevo.

Esta disposición para empezar de nuevo volviendo a las cosas que tuvieron que ver con el primer amor es la que puede ayudar al matrimonio a recuperar el fervor que perdieron. En lugar de quedarse pegados en la mugre que se acumula con el tiempo, consideren dejarlo pasar y enfoquen su energía en hacer, pensar y sentir las cosas que una vez hicieron, pensaron y sintieron al principio. Procure volver a ganar, reenamorar, noviar de nuevo y reamar a su cónyuge. Acérquese a su cónyuge como lo hacía cuando no estaba atado a él o a ella de por vida. Muchas veces, abusamos de la relación con nuestro cónyuge porque creemos que siempre estará allí. En un sentido, nos aprovechamos de su presencia y nos olvidamos de apreciar las cosas que al principio sí amábamos.

Repita

Una de las maneras de reavivar su relación es preguntándose: «¿Habría hecho o dicho eso cuando estábamos de novios?». Si la respuesta es no, ¿por qué lo hace ahora? Honre a su cónyuge con la misma delicadeza y amor que le mostraba al principio, y su relación será renovada.

Dios nos ha llevado desde el primer paso, que es recordar, al segundo paso, que es arrepentirse. El último paso para volver a nuestro primer amor es repetir. Dios nos dice: «Haz las obras que hacías al principio» (Apocalipsis 2:5).

> *Una de las maneras de reavivar su relación es preguntándose: «¿Habría hecho o dicho eso cuando estábamos de novios?».*

La mayoría de las parejas no salen mucho como novios después de casarse. Las exigencias y los horarios empiezan a sobrecargar la relación, lo cual hace que cada vez sea más difícil salir. La manera moderna de salir como novios con alguien no tiene nada que ver con lo que sucedía en los tiempos bíblicos. Hoy en día, en Estados Unidos y en muchos otros países occidentales, una persona sale con otra para conocerla y poder decidir si algún día llegarán a casarse. Pero eso no es lo que encontramos en las Escrituras. En la cultura bíblica, no vemos que salían para casarse, sino que se casaban para salir juntos. Es lo opuesto.

Una gran cantidad de matrimonios en los tiempos bíblicos eran concertados. Los padres solían decidir con quién se casarían sus hijos. Una razón es porque se suponía que el matrimonio era la base a partir de la cual una pareja construía la relación, no lo que le ponía fin.

Mientras buscan reavivar el amor en su matrimonio, hagan las cosas que solían hacer cuando eran novios. Repitan lo que hacían cuando los motivaba la relación, no una programación. Repitan las palabras especiales, los gestos amables, vestirse elegantes y recordar la comida preferida del otro. Repitan buscar cosas especiales para hacer que los dos disfruten, abrir espacio en su horario cuando no lo hay y tratar de lucir lo mejor que puedan. Repitan escuchar al otro aunque ya hayan oído esa anécdota muchas veces. O reírse cuando el chiste no sea muy gracioso. Repitan darse cuenta de qué cosa distingue a su cónyuge del resto y remárquenlo. Repitan estas y otras cosas, y revivirán su primer amor.

> *Hagan todos los intentos para recordar, arrepentirse y repetir para reavivar aquello que los llevó a casarse en primera instancia.*

Las relaciones son poderosas. La relación matrimonial es una de las experiencias más íntimas y gratificantes en la vida, si la trata con el honor, la atención y el amor que se merece. Cuídense el uno al otro, como lo hacían al principio. Protéjanse del «programa» del matrimonio. Hagan todos los intentos para recordar, arrepentirse y repetir para reavivar aquello que los llevó a casarse en primera instancia.

✤✤✤✤✤✤

CONVERTIR EL AGUA EN VINO

ES APROPIADO QUE CRISTO nos diera una de las mayores lecciones sobre el matrimonio a través de algo que hizo en una boda. Si usted ha pasado cierto tiempo en la iglesia o estudiando la Biblia, probablemente esté familiarizado con la boda en la que Jesús convirtió el agua en vino. Este famoso milagro nos brinda una variedad de lecciones sobre la fe, la confianza y la elección del momento oportuno. Pero algo nuevo me saltó a la vista hace poco, cuando estaba predicando sobre este pasaje del evangelio. Insinuado entre las conversaciones y las circunstancias de esta ceremonia de casamiento hay un principio crítico para las parejas del reino.

Para proveer algo de contexto, las bodas en los tiempos bíblicos eran acontecimientos sociales monumentales. A diferencia de la actualidad, donde nos enfocamos en una ceremonia en la tarde o en la noche, luego una recepción y después arrojamos un poco de arroz y lo damos por terminado, estos casamientos históricos duraban una semana. Las personas viajaban grandes distancias para participar en ellos, y ponían sobre los padres de la novia no solo la responsabilidad de celebrar una gran ceremonia, sino también de dar una fiesta espectacular durante un extenso período de tiempo.

> ✤✤✤✤
>
> *Es apropiado que Cristo nos diera una de las mayores lecciones sobre el matrimonio a través de algo que hizo en una boda.*
>
> ✤✤✤✤

Había comida, música, risas y, desde luego, vino. Pero en esta boda en particular, registrada en Juan 2, los anfitriones se encontraron con algo inimaginable. El vino se había secado, literalmente. No había más. ¡Qué manera de arruinar la fiesta! Ese hecho estaba a punto de ensombrecer lo que se suponía debía ser un acontecimiento festivo.

Fue entonces que la madre de Jesús decidió hacer algo al respecto. Se acercó a su Hijo y le dijo: «Se quedaron sin vino» (versículo 3). Traducción: «Muchacho, ¡haz algo! Yo sé quién eres tú». Es como si la madre de Clark Kent le hablara al oído a su hijo en un momento de crisis y le dijera: «¿No sería esta una buena ocasión para buscar una cabina telefónica?».

Aparentemente, a Jesús no le cayó bien que su mamá le dijera qué hacer en cuanto a su deidad, así que respondió: «Apreciada mujer, ese no es nuestro problema. [...] Todavía no ha llegado mi momento» (versículo 4). Traducción: «Relájate, esto no tiene que ver con nosotros».

Pero tal como haría cualquier buen hijo, después de que Cristo se encogió de hombros ante el pedido de su madre, de todos modos fue y se ocupó de la situación. Nada de lo que dijo le habría dado a su madre la impresión de que iba a hacer algo; por lo tanto, quizás fue de manera no verbal, un parpadeo de los ojos o un suspiro en su voz cuando le dijo que todavía no había llegado su momento. Sea lo que fuera, ella supo que su Hijo iba a encargarse de la situación, porque lo próximo que le dijo a los sirvientes fue: «Hagan lo que él les diga» (versículo 5).

> *Un matrimonio del reino próspero puede reducirse a esa frase: «Hagan lo que él les diga».*

Esa es una frase importante. También es una declaración que suele pasar desapercibida e ignorada en nuestra vida cotidiana. Seguro, nosotros entendemos que María, la madre de Jesús, les dijo a los sirvientes que hicieran todo lo que Jesús les pidiera. Pero si tuviéramos que aplicar su recomendación a nuestra vida y a nuestro matrimonio, ¿cuánto mejoraría nuestra situación? Un matrimonio del reino próspero puede reducirse a esa frase: «Hagan lo que él les diga».

Aunque eso es, fundamentalmente, lo que quiero dejarles ahora que estamos finalizando este tiempo juntos, hay algo más. Al seguir leyendo Juan 2, vemos que Jesús envió a los sirvientes a llenar con agua las seis tinajas de piedra.

No sé qué opine usted, pero parece algo ridículo pedirle eso a alguien que se ha quedado sin vino. Me pregunto qué pensaban los siervos mientras se dirigían al pozo para llenar con agua las tinajas vacías. Seguramente sabían que su amo quería darles vino a sus invitados. Pero, según lo que María les había indicado que hicieran, fueron.

En algún punto entre el pozo y el maestro de ceremonias, el agua se convirtió en vino. Tampoco fue un vino cualquiera, porque el maestro de ceremonias exclamó ante el novio: «Un anfitrión siempre sirve el mejor vino primero [...], y una vez que todos han bebido bastante, comienza a ofrecer el vino más barato. ¡Pero tú has guardado el mejor vino hasta ahora!» (versículo 10). En otras palabras, era costumbre servir el mejor vino al principio, cuando la mente de las personas todavía estaba espabilada y sus papilas gustativas estaban despejadas. Después de beber un rato, los sirvientes sacaban el vino más barato. Pero cuando Jesús hizo este milagro, su vino superó todos lo demás.

De la misma manera, cuando Dios hace una obra sobrenatural en su matrimonio, respondiendo a que usted actúa en fe y hace todo lo que él dice que haga, hasta las cosas que ahora parecen vacías estarán llenas de algo mejor de lo que esperaba, y algo más agradable de lo que pudiera haber imaginado.

He aconsejado a suficientes parejas como para saber que muchas de las personas más solitarias que hay en este mundo usan un anillo de matrimonio en el dedo. Su relación se siente vacía, sin una sola gota de esperanza de que las cosas mejoren. Maridos y esposas están desgastados, exhaustos, vacíos. Pero, a pesar del vacío o de la carencia que pueda usted sentir en su matrimonio, quiero que haga una cosa: llene ese vacío con agua. Llénelo con eso a lo cual tiene acceso, aunque no parezca que lo que hace vaya a cambiar algo en absoluto. No espere a que su cónyuge lo llene. Vaya usted al pozo y meta el agua de vida en su relación vacía. El agua es una fuente de vida; entonces, cualquier cosa que usted pueda hacer para nutrir su matrimonio, hágala ahora.

> *Haga lo que pueda para dar vida donde pueda.*

Usted podría estar diciendo: «Pero, Tony, mi esposo no satisface mis necesidades. Él nunca está. Él ya no me habla». La escucho y entiendo. Pero llene ese vacío con agua. Haga lo que pueda para dar vida donde pueda.

O podría estar pensando: «Tony, ella siempre está con los niños o está ocupada con sus actividades. He perdido a la mujer de la que me enamoré. Ya no me respeta ni satisface mis necesidades». Eso también podría ser verdad. Pero llene ese vacío con agua.

El agua no se transformó en vino hasta que las tinajas vacías fueron llenas. Esa fue la condición de la que dependía este milagro. Los siervos tuvieron que ir al pozo y hacer algo ridículo. Tuvieron que hacer lo que nadie en su sano juicio habría pensado que produciría vino. Pero de todas maneras lo hicieron porque eso es lo que Jesús les dijo que hicieran.

A veces, Dios nos pide que hagamos algo ridículo en nuestro matrimonio con el fin de mostrar nuestra fe en él. Es posible que en este mismo momento usted guarde amargura y resentimiento contra su cónyuge; pero llene esa relación con amor: con actos premeditados de paciencia, amabilidad y bondad. Muérdase la lengua y ofrezca su amor. Dios transformará su fe en vino. En la Biblia, el vino es un símbolo de gozo. Lo que Jesús hizo en la boda fue convertir el vacío en gozo.

Cristo le dijo a su madre que su momento todavía no había llegado. No hizo este milagro para el público; nadie se enteró siquiera (además de los sirvientes y de su madre). Ni el maestro de ceremonias tenía idea de dónde provenía el vino, como vimos en la reacción que tuvo con el novio cuando probó el vino. Sin embargo, Cristo hizo el milagro, y hará lo mismo por usted. Cuando dedica un tiempo a solas con el Señor para indagar qué quiere él que usted haga tras bambalinas, él puede traer gozo donde hay carencia. Preséntele al Señor todas las quejas que hace en público sobre su cónyuge, todas las discusiones públicas con sus amigos y aun los hechos públicos que dejan ver a los demás el vacío de su matrimonio, y pídale que sane su relación.

Si las parejas pasaran la misma cantidad de tiempo orando por su cónyuge

> *Si las parejas pasaran la misma cantidad de tiempo orando por su cónyuge que la que dedican a quejarse, a discutir, a regañarse y a exigir, tendrían los matrimonios animados y abundantes que Dios planeó para ellos.*

que la que dedican a quejarse, a discutir, a regañarse y a exigir, tendrían los matrimonios animados y abundantes que Dios planeó para ellos. Pero ¿cómo puede usted escuchar lo que Cristo quiere que haga por encima del ruido de su propio conflicto o dolor?

Mi esperanza, llegando a la conclusión de este estudio sobre las parejas del reino, es que usted tome los principios que enseña la Biblia y los aplique a sí mismo y a su matrimonio. Dondequiera que su cónyuge carezca de estos principios, lléveselo al Señor en oración y pídale que le muestre qué quiere que usted haga, no qué quiere que haga su cónyuge. Llenar las vasijas con agua también fue un pedido ridículo, así que no cuestione lo que Dios le dice que haga. Simplemente, hágalo.

Podría ser una palabra amable o una boca cerrada cuando usted tiene ganas de soltarle unas cuantas cosas. Podría ser tener más paciencia o más respeto por lo que es correcto y bueno en la relación de ustedes. Quizás sea que necesita recordar, arrepentirse y repetir lo que hacía cuando eran novios para volver a ese primer amor. O tal vez usted tenga que renunciar humildemente a ese control que siente que le pertenece dada la manera en que su cónyuge lo trata o le responde. Podría tratarse de una gran cantidad de cosas o, incluso, de todo lo mencionado. Pero algo es cierto: un gratificante matrimonio del reino empieza con usted.

Sí, se necesitan dos, pero así como nadie podría haber previsto que el agua se convertiría en vino, es decisión de Dios de qué manera desea y concibe hacer madurar y crecer a su cónyuge para que tenga una relación más profunda con usted. Sus caminos están muy por encima de nuestro entendimiento (Isaías 55:8-9). Deje que Dios se ocupe de eso y, como los sirvientes que estaban en la boda, haga usted lo que él le diga que tiene que hacer. Luego, relájese y beba. Tal vez piense que es el fin, pero esta fiesta recién está empezando.

¡Él le dejó lo mejor para el final!

❖❖❖❖❖❖

THE URBAN ALTERNATIVE

EL DOCTOR TONY EVANS y The Urban Alternative (La alternativa urbana, TUA por sus siglas en inglés) *capacita, empodera* y *une* a personas cristianas con el objetivo de influir en *individuos, familias, iglesias* y *comunidades* a través de una cosmovisión plenamente ligada al programa del reino. Al enseñar la verdad, nos proponemos transformar vidas.

La causa central de los problemas que enfrentamos en nuestra vida personal, nuestros hogares, nuestras iglesias y nuestras sociedades es de índole espiritual; por lo tanto, la única manera de encararla es espiritual. Hasta ahora, hemos intentado hacerlo con un programa político, social, económico y hasta religioso.

Es hora de un *programa del reino*.

El programa del reino puede definirse como la manifestación visible del reinado integral de Dios sobre todas las áreas de la vida.

El tema central que sirve de eje integrador a lo largo de la Biblia es la gloria de Dios y el avance de su reino. El hilo que unifica todo desde Génesis a Apocalipsis —de comienzo a fin— se enfoca en una sola cosa: la gloria de Dios por medio del avance de su reino.

Cuando no se ha reconocido este tema, la Biblia se convierte en una sucesión de historias inconexas que sirven de inspiración pero que aparentan no estar vinculadas en propósito ni dirección. La Biblia existe para dar a conocer la acción de Dios en la historia hacia el establecimiento y la expansión de su reino, destacando la conectividad de arriba abajo, lo cual es el reino. Entenderlo aumenta la pertinencia que tiene este manuscrito milenario en nuestra existencia cotidiana porque el reinado no pertenece solo a entonces, sino a ahora.

La falta de influencia del reino en nuestra vida personal y familiar, en nuestras iglesias y comunidades, ha conducido a un deterioro de enormes proporciones en nuestro mundo:

- La gente tiene una existencia segmentada y compartimentada porque carece de la cosmovisión del reino de Dios.
- Las familias se desintegran porque existen para su propia satisfacción y no para el reino.
- Las iglesias tienen una influencia limitada porque no perciben que su meta no es la propia iglesia sino el reino.
- Las comunidades no tienen a dónde recurrir en busca de soluciones reales para personas reales que tienen problemas reales, porque la iglesia está dividida, retraída y es incapaz de transformar el entorno cultural de una manera relevante.

El programa del reino nos ofrece una manera de considerar y vivir la vida con una esperanza sólida al optimizar las soluciones del cielo. Cuando Dios, y su reinado, deja de ser la pauta autoritativa y final bajo la cual todo lo demás cabe, se pierden el orden y la esperanza. Sin embargo, lo contrario también es cierto: en la medida en que usted cuenta con Dios, tiene esperanza. Si Dios se mantiene en la escena, y mientras su programa siga vigente, no todo está perdido.

Aun si colapsan las relaciones, Dios lo sostendrá. Aun si menguan las finanzas, Dios lo guardará. Aun si sus sueños mueren, Dios lo reanimará. Mientras Dios, y su reinado, continúen siendo la norma abarcadora en su vida personal, su familia, su iglesia y su comunidad, siempre habrá esperanza.

Nuestro mundo necesita el programa del Rey. Nuestras iglesias necesitan el programa del Rey. Nuestras familias necesitan el programa del Rey.

En muchas ciudades importantes, existe un circuito que los conductores pueden tomar cuando quieren llegar a un punto al otro lado de la ciudad, evitando el centro. Este circuito lo llevará suficientemente cerca de la ciudad como para ver su silueta y los elevados edificios, pero no lo suficientemente cerca como para vivenciarla en sí.

Esto es precisamente lo que, como cultura, hemos hecho con Dios. Lo hemos puesto en el «circuito» de nuestra vida personal, nuestra familia, nuestra iglesia y nuestra comunidad. Está lo suficientemente cerca como para recurrir a él en una emergencia, pero lo suficientemente lejos como para que no pueda ser el centro de quienes somos.

Queremos a Dios en el «circuito», no como el Rey de la Biblia que se mete al centro de nuestro camino. Dejarlo en el «circuito» acarrea terribles consecuencias, como hemos podido comprobar en nuestra vida y en la de otros. Pero cuando hacemos de Dios, y de su reinado, el centro de todo lo que pensamos, hacemos o decimos, entonces tendremos la experiencia de Dios que él anhela que tengamos.

Él quiere que seamos personas del reino, con una mentalidad del reino, dispuestos a cumplir los propósitos de su reino. Quiere que oremos como lo hizo Jesús: «Que se haga tu voluntad, no la mía». Porque suyo es el reino, el poder y la gloria.

Hay un solo Dios, y nosotros no somos él. Como Rey y Creador, él toma las decisiones. Es solo cuando nos alineamos bajo su control que tendremos acceso a todo su poder y autoridad en todas las esferas de la vida: personal, de familia, de iglesia y de comunidad.

Conforme aprendemos a gobernarnos a nosotros mismos bajo la soberanía de Dios, entonces transformamos a las instituciones de la familia, la iglesia y la sociedad desde una cosmovisión del reino basada en la Biblia.

Bajo su soberanía, tocamos el cielo y transformamos la tierra.

Para alcanzar nuestra meta, utilizamos una variedad de estrategias, enfoques y recursos que nos permitan alcanzar y capacitar a tantas personas como sea posible.

MEDIOS DE COMUNICACIÓN

Millones de personas tienen acceso al programa *The Alternative with Dr. Tony Evans* a través de la transmisión radial diaria en casi mil emisoras y en más de cien países. Este programa también puede ser visto en varias redes de televisión y en Internet en el sitio TonyEvans.org. Usted también puede escuchar o ver la emisión diaria descargando la aplicación Tony Evans en forma gratuita en el App store. Se descargan más de cuatro millones de sermones cada año.

CAPACITACIÓN DEL LIDERAZGO

El *Tony Evans Training Center* (Centro de Capacitación Tony Evans, TETC por sus siglas en inglés) facilita programas educativos que encarnan la filosofía ministerial del doctor Tony Evans expresada en el programa del reino. Los cursos de capacitación se enfocan en el desarrollo del liderazgo y el discipulado mediante las siguientes cinco vías:

- Biblia y Teología
- Crecimiento personal
- Familia y relaciones
- Salud de la iglesia y desarrollo del liderazgo
- Estrategias de influencia en la comunidad y en la sociedad

El programa TETC incluye cursos presenciales y a distancia por Internet. Además, los programas de TETC incluyen cursos para quienes no son alumnos regulares. Pastores, líderes cristianos y laicos cristianos, tanto locales como a distancia, pueden dedicarse a recibir el Diploma del Programa del Reino por su desarrollo personal, espiritual y profesional. Algunos de los cursos califican para crédito CEU además de ser transferibles para crédito universitario en las instituciones con las que tenemos convenio.

El programa *Kingdom Agenda Pastors* (Pastores con el programa del reino, KAP por sus siglas en inglés) ofrece una red funcional para pastores con mentalidad similar que se comprometen con la filosofía del programa del reino. Los pastores tienen la oportunidad de profundizar con el doctor Tony Evans a medida que reciben mayor conocimiento bíblico, aplicaciones prácticas y recursos para influir en personas, familias, iglesias y comunidades. KAP recibe a pastores principales y adjuntos de todas las iglesias. También organiza una cumbre anual que se realiza en Dallas con seminarios intensivos, talleres y recursos.

El *Pastors' Wives Ministry* (Ministerio para las esposas de pastores), fundado por la doctora Lois Evans, ofrece consejo, aliento y recursos espirituales para las esposas de pastores que sirven con sus cónyuges en el ministerio. El principal énfasis del ministerio es la Cumbre KAP, que brinda a las esposas de pastores principales un ámbito seguro donde puedan reflexionar, renovarse y relajarse, además de recibir capacitación en el desarrollo personal, el crecimiento personal y el cuidado de su bienestar emocional y físico.

INFLUENCIA EN LA COMUNIDAD

La *National Church Adopt-A-School Initiative* (Iniciativa nacional de iglesias que adoptan una escuela, NCAASI por sus siglas en inglés) prepara iglesias en todo el país para influir en sus comunidades, utilizando las escuelas públicas como el vehículo principal para producir un cambio social positivo en la juventud y en las familias urbanas. Se capacita a líderes de iglesias, distritos escolares, organizaciones basadas en la fe y otras entidades sin fines de lucro, proporcionando conocimiento y herramientas para forjar vínculos y construir sistemas firmes para el servicio social. Esta capacitación está basada en la estrategia global de influencia de la iglesia en la comunidad impulsada por la Oak Cliff Bible Fellowship. Abarca áreas tales como el desarrollo económico, la educación, la vivienda, la promoción de la salud, la renovación de la familia y la reconciliación racial. Cooperamos con las iglesias en el diseño de un modelo que permita responder a las necesidades concretas de sus comunidades y, a la vez, atender el marco de referencia moral y espiritual. Los encuentros de capacitación se realizan anualmente en la zona de Dallas, en el Oak Cliff Bible Fellowship.

El *Athlete's Impact* (Influencia del atleta, AI por sus siglas en inglés) existe como un alcance hacia y por medio del ámbito deportivo. Los entrenadores son el mayor agente de influencia en la vida de los jóvenes, incluso por encima de sus padres. Con la creciente falta de paternidad en nuestra cultura, cada vez más gente joven recurre a sus entrenadores en busca de orientación, desarrollo del carácter, necesidades prácticas y esperanza. Los atletas siguen a los entrenadores en la escala de influencia. Los atletas (sean profesionales o no) influyen en atletas más jóvenes y en los niños dentro de su ámbito de influencia. Sabiendo esto, nos hemos propuesto capacitar y adiestrar a entrenadores y atletas sobre cómo poner en práctica y utilizar los roles que Dios les ha dado para el beneficio del reino. Nos proponemos llevar esto a cabo a través de nuestra aplicación iCoach y el Congreso weCoach Football, además de recursos como *The Playbook: A Life Strategy Guide for Athletes* (El manual de juego: Una guía de estrategia para la vida de los atletas).

DESARROLLO DE RECURSOS

Promovemos un vínculo de aprendizaje de por vida con aquellas personas a las cuales servimos, proveyéndoles una variedad de materiales publicados. Con base en su experiencia de más de cuarenta años de prédica, el doctor Evans ha publicado más de cien títulos singulares, ya sea en formato de folletos, libros o guías de estudio bíblico. La meta es fortalecer a las personas en su andar con Dios y su servicio a otros.

Para más información y para recibir un ejemplar de regalo
del boletín devocional en inglés del doctor Evans,
llame al teléfono (800) 800-3222;
o escriba a TUA, PO Box 4000, Dallas, TX 75208;

o entre al sitio de Internet www.TonyEvans.org.

AGRADECIMIENTOS

❖❖❖❖❖❖

QUIERO EXPRESAR MI PROFUNDO AGRADECIMIENTO a Enfoque a la Familia y a Tyndale House Publishers por el apoyo, el compromiso y la excelencia que me han brindado para esta obra.

ÍNDICE BÍBLICO

NOTAS

CAPÍTULO 1: EL ORIGEN

1. Sarah Pruitt, «5 Things You May Not Know About Queen Victoria» [5 cosas que tal vez no sepa de la reina Victoria], History in the Headlines, History.com, entrada del 28 de junio del 2013, http://www.history.com/news/5-things-you-may-not-know-about-queen-victoria.

2. Robert McNamara, «Prince Albert, Husband of Queen Victoria» [El príncipe Alberto, marido de la reina Victoria], About.com, entrada del 5 de diciembre del 2015, http://history1800s .about.com/od/leaders/a/prince-albert-html.htm.

3. «How Many Children Did Queen Victoria Have and Who Was the Oldest?» [¿Cuántos hijos tuvo la reina Victoria, y cuál era el mayor?], Biografías, YourDictionary.com, entrada del 5 de diciembre del 2015, http://biography.yourdictionary.com/articles/children-queen-victoria -who-oldest.html.

4. Pruitt, «5 Things You May Not Know About Queen Victoria».

CAPÍTULO 2: EL ORDEN

1. Estadísticas del Departamento de Estado de Estados Unidos, citado en «The Pre-Travel Consultation: Injury Prevention» [Consulta previa al viajar: La prevención de daños], de David A. Sleet, David J. Ederer y Michael F. Ballesteros, en *CDC Health Information for International Travel* [Informe de salud de los Centros para el Control y la Prevención de Enfermedades para los viajes internacionales] (Washington, DC: Centers for Disease Control and Prevention, 2016), capítulo 2, http://wwwnc.cdc.gov/travel/yellowbook/2016/the-pre -travel-consultation/injury-prevention.

2. Estadísticas citadas en «Vehicle Accidents Put U.S. Citizens Traveling in Foreign Countries at Risk» [Los accidentes de vehículos ponen en riesgo a los ciudadanos estadounidenses que viajan en el extranjero], EuropAssistance-USA.com, 12 de octubre del 2013, http://www .europassistance-usa.com/blog/archives/vehicle-accidents-put-u-s-citizens-traveling-in -foreign-countries-at-risk/.

CAPÍTULO 5: LA UNIDAD

1. *Runaway Bride* [*Novia fugitiva*], dirigida por Garry Marshall (Paramount Pictures, 1999).

2. Resumen de Ken Sande, *The Peacemaker: A Biblical Guide to Resolving Personal Conflict* [*Pacificadores: Guía Bíblica para la Resolución de Conflictos Personales*], 3a ed. (Grand Rapids: Baker Books, 2004), 12-13.

CAPÍTULO 6: LOS ROLES

1. «50 Women You Should Know» [50 mujeres que usted debería conocer], *Christianity Today* 56, no. 9, (19 de octubre del 2012), http://www.christianitytoday.com/ct/2012/october/50 -women-you-should-know.html.
2. *Concordancia Strong*, s.v. hebreo 5828, *ezer*, http://bibliaparalela.com/hebrew/5828.htm.
3. *Concordancia Strong*, s.v. hebreo 5048, *kenegdo*, raíz *neged*, http://bibliaparalela.com/hebrew /5048.htm.
4. Ibid.

CAPÍTULO 7: LAS RESOLUCIONES

1. Gary Thomas, *Sacred Marriage* [*El matrimonio sagrado*] (Grand Rapids: Zondervan, 2000), 13.
2. Erin Prater, *Chronic Illness in Marriage* [La enfermedad crónica en el matrimonio], Chronic Illness in Marriage Series [Serie de la enfermedad crónica en el matrimonio], 1a parte, 2008, FocusontheFamily.com, http://www.focusonthefamily.com/marriage/facing-crisis/chronic -illness/chronic-illness-in-marriage.

CAPÍTULO 8: LOS RUEGOS

1. *War Room* [*Cuarto de guerra*], dirigida por Alex Kendrick (Provident Films, 2015).
2. Stu Woo, «The Great Super Bowl Bed Check» [La gran revisión de camas del Supertazón], *Wall Street Journal*, Life and Culture, 31 de enero del 2015, http://www.wsj.com/articles /the-great-super-bowl-bed-check-1422729297.

CAPÍTULO 10: LOS RECURSOS

1. Abraham Lincoln, «Proclamation Appointing a National Fast Day» [Anuncio de la designación de un día nacional de ayuno], discurso, Washington, DC, 30 de marzo de 1863, http://www.abrahamlincolnonline.org/lincoln/speeches/fast.htm.

CAPÍTULO 11: EL ROMANCE

1. Sheryl Kirshenbaum, «Sealed with a Kiss —and Neuroscience» [Sellado con un beso: y la neurociencia], *Washington Post*, 26 de diciembre del 2010, http://www.washingtonpost.com /wp-dyn/content/article/2010/12/23/AR2010122304771.html. Énfasis añadido.
2. Ibid.
3. Helen Fisher, «The Brain in Love» [El cerebro enamorado], discurso, TED Talks, febrero del 2008, https://www.ted.com/talks/helen_fisher_studies_the_brain_in_love/transcript ?language=en.
4. Kirshenbaum, «Sealed with a Kiss».
5. Ibid.
6. *Concordancia Strong*, s.v. hebreo 3045, *yada*, http://bibliaparalela.com/hebrew/3045.htm.
7. *Concordancia Strong*, s.v. griego 4203, *porneuó*, http://bibliaparalela.com/greek/4203.htm.
8. *Concordancia Strong*, s.v. hebreo 7901, *shakab*, http://bibliaparalela.com/hebrew/7901.htm.
9. Adam Hadhazy: «Do Pheromones Play a Role in Our Sex Lives?» [¿Juegan las feromonas un papel en nuesta vida sexual?] *Scientific American*, 13 de febrero del 2012, http://www .scientificamerican.com/article/pheromones-sex-lives/.
10. Susan Rako y Joan Friebely, «Pheromonal Influences on Sociosexual Behavior in Postmenopausal Women» [La influencia de las feromonas en el comportamiento sociosexual de mujeres posmenopáusicas], *Journal of Sex Research* 41, no. 4 (noviembre del 2004): 372-380, http://www.jstor.org/stable/pdf/3813545.pdf?acceptTC=true&seq=1#page_scan_tab _contents.

11. Estudio publicado en Amanda Denes, «The Science of Pillow Talk» [La ciencia de las charlas íntimas], *UConn Today*, 27 de diciembre del 2013, http://today.uconn.edu/2013/12 /the-science-of-pillow-talk/.

12. Fischer, «The Brain in Love».

13. *Concordancia Strong*, s.v. griego 2853, *kollaó*, http://bibliaparalela.com/greek/2853.htm.

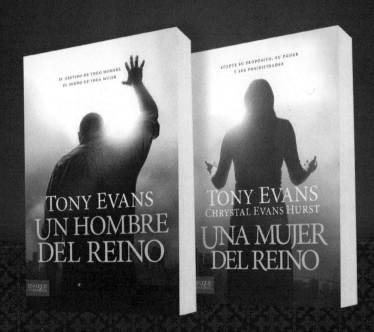